Hans Michael Engelke

SÜDITALIEN

auf dem Motorrad entdecken

Biker Betten
Motorrad Reisebuch

WWW.ENGELKE.TV

Hans Michael und Angelika Engelke sind begeisterte Motorradjournalisten und Fotografen.

Seit gut drei Jahrzehnten sind wir jetzt schon mit dem Motorrad regelmäßig in Italien unterwegs. Anfangs vor allem im Norden dieses sympathischen Landes. Dann folgten Touren in das gebirgige Hinterland der Ligurischen Küste, später erkundeten wir die Toskana und die Marken. Seit einigen Jahren haben wir nun auch den Süden der Apennin-Halbinsel für uns entdeckt und sind einfach nur fasziniert. Seit wir einmal im Mezzogiorno unterwegs waren, lässt uns diese so spannende und liebreizende Region nicht mehr los.

Ob in den fantastischen Berglandschaften des Gargano am Sporn des italienischen Stiefels oder an der spektakuläre Amalfiküste, ob in den menschenleeren Landstrichen der Basilikata oder zwischen den kulturellen Schätzen Apuliens – überall lockt der Süden Italiens mit herrlichen Motorradstrecken, mit einer beeindruckenden Natur, mit urigen Bergdörfern und spannenden Eindrücken, die garantiert lange im Gedächtnis bleiben.

Ganzjährige Saison

Und das schönste dabei für uns Motorradfahrer: Fast das ganze Jahr über ist Saison. Sizilien liegt gerade mal 150 Kilometer vor der Küste des afrikanischen Kontinents, Kalabrien rund 400. Das sorgt auch außerhalb der bei uns üblichen Saison für ein angenehmes Klima. Während es bei uns noch stürmt und schneit, grünt und blüht es in Kalabrien schon lange, und wenn in Mitteleuropa der Winter naht und Herbststürme über das Land fegen, sitzt man in Apulien noch im T-Shirt draußen im Café. Und wird es im Sommer doch mal zu warm, dann hilft ein Abstecher in die Lukanischen Dolomiten oder in die Berge des Nationalpark Pollino.

Die zehn in diesem Buch vorgestellten Touren sind ein bunter Querschnitt dessen, was in Süditalien mit dem Motorrad möglich ist. Auf Sizilien, der größten Insel des Mittelmeers, haben wir die unserer Meinung nach spannendste Tour gewählt, eine Runde um den mächtigen und aktiven Vulkan Ätna. Natürlich gibt es im Mezzogiorno, dem südlichen Teil Italiens, noch viele weitere Regionen, in denen sich perfekt mit dem Mopped reisen lässt. Wir überlassen es Euch, unseren Lesern, diese zu entdecken. Vielleicht macht Ihr es ja auch mal so wie wir: einfach mal treiben lassen und schauen, wohin die Straße führt.

Der Süden Italiens ist eine Region, auf die man sich einlassen muss. Nichts ist perfekt, aber sehr vieles sehr reizvoll. Die Menschen haben wir als sehr freundlich, hilfsbereit und kommunikativ kennengelernt. Wirklich viele freuen sich noch über Besucher aus dem Norden, geben sich Mühe und sind gastfreundlich. Über mangelnde Sprachkenntnisse wird oft hinweggesehen und mit Händen und Füßen kommt man immer irgendwie weiter. Dennoch hilft es enorm, ein freundliches Guten Tag oder Danke auch auf Italienisch zu können, das bricht schnell das Eis. Dabei hilft prima unser Sprachführer ab Seite 18 in diesem Reiseführer.

Es lohnt sich – versprochen

Wir würden uns sehr freuen, wenn wir mit diesem Band den einen oder anderen Motorradreisenden neugierig gemacht haben auf den wunderschönen und abwechslungsreichen Süden Italiens. Es wäre toll, wenn wir mit unseren Tipps und Vorschlägen zu einem guten Gelingen Eurer nächsten Motorradtour in den Mezzogiorno beitragen könnten. Und auch wenn die Anfahrt bis in den tiefsten Süden Europas kein Pappenstiel ist, wir versprechen: Es lohnt sich!

Zudem: Wer ein bisschen Zeit mitbringt, findet schon auf der Anfahrt quer durch Italien fantastische Ziele zur Einstimmung. In unserem Italienbuch über Piemont, Ligurien und Toskana haben wir unter anderem die Marken beschrieben. Die Hügellandschaft des dort liegenden Montefeltro führt weiter in Richtung Süden und damit nahtlos nach Molise und Kampanien. Besser und abwechslungsreicher lässt sich kaum anreisen. Und wer Lust auf eine Städtetour hat, kombiniert Süditalien mit einem Trip in die grandiose Stadt Rom.

Bekanntlich ist nichts beständig, außer der Wandel. Das gilt vor allem für Italiens Süden. Hat sich etwas geändert? Gibt es eine Bergstraße nicht mehr oder wurde gar eine neue gebaut? Waren unsere Tipps und Vorschläge hilfreich? Wir freuen uns immer sehr über ein Feedback und Kontakt mit unseren Lesern.

Herzlich laden wir euch auf unsere Internetseite **www.engelke.tv** ein. Dort erfahrt Ihr auch, wo wir gerade unterwegs sind und vielleicht treffen wir uns dann ja auch mal auf der Straße. Vielleicht sogar im Mezzogiorno – es würde uns freuen!

Bis dahin, wir wünschen eine gute Reise, tolle Erlebnisse und viel Spaß!

Hans Michael und Angelika Engelke

ÜBERSICHTSKARTE TOUREN

1 ÜBER DIE AMALFITANA ZUM VESUV

2 CILENTO

3 POTENZA

4 MATERA

5 GARGANO

6 MOLISE

7 APULIEN

8 BASILIKATA

9 SILA PICCOLA

10 SIZILIEN

Am **Ätna**

Die Fahrt durch die erkalteten Lava- und Aschefelder unterhalb des rauchenden Vulkans Ätna auf Sizilien ist ein beeindruckendes Erlebnis. Man fühlt sich wie auf einem anderen Planeten.

GPS 37.699186, 15.002823

Der **Gargano**

Die Küstenstraße um den Gargano herum – um den Sporn des italienischen Stiefels – besticht durch fantastische Panoramen und jede Menge Fahrspaß. Und immer wieder laden sympathische Küstendörfer zur erholsamen und stilvollen Pause.

GPS 41.738880, 16.119960

EH
75219

An der **Amalfiküste**

Die Amalfitana, die Küstenstrecke SS163 zwischen Meta di Sorrento und Vietri sul Mare, ist geradezu legendär und gilt als eine der schönsten Küstenstraßen der Welt. Eine Fahrt auf ihr ist unvergesslich.

GPS 40.633039, 14.606784

BACCANTI
RISTORANTE

Matera

Als erste Stadt Süditaliens wurde Matera 2019 zur Kulturhauptstadt Europas auserkoren – nicht ohne Grund. Die beeindruckende historische Altstadt sucht ihresgleichen in ganz Italien und gilt als eine der ältesten Städte der Welt – welch ein Erlebnis.

GPS 40.664627, 16.611916

Süditalienische Küsten: eine schöner als die andere.

Am südlichen Stiefel

Einsame Landstriche, eine fantastische Natur und Kultur und sympathische Menschen erwarten den Reisenden.

Bella Italia, die sympathische Republik im Süden Europas, gehört seit Jahrzehnten zu den Lieblingszielen reisender Motorradfahrer. Sonniges Wetter, traumhafte Landschaften, abwechslungsreiche Strecken und nicht zuletzt die unbeschwerte italienische Lebensart locken in die Berge nördlich der Po-Ebene, in die Gebirge Liguriens oder ganz in den Nordosten, nach Friaul-Julisch Venetien an der Grenze nach Slowenien.

Nicht wenige Motorradreisende verschlägt es auch in die liebliche Region der Toskana. Aber nur die wenigsten Zweiradfahrer wissen, dass auch ganz im Süden der Apennin-Halbinsel fantastische Regionen auf entdeckungsfreudige Motorradtouristen warten.

Sechs Regionen sind es, die wir in diesem Reiseführer vorstellen. Sie alle eint, dass sie südlich der Landeshauptstadt Rom liegen, über mehr oder weniger Küstenkilometer verfügen und mit spannenden und facettenreichen Reisewegen aufwarten, die zu einem oft großen Teil durch gebirgige und nicht selten unberührte Natur führen.

Molise, die nach dem Aostatal zweitkleinste Region Italiens, ist die nördlichste der sechs Regionen und liegt gleich unterhalb der Abruzzen. Campobasso, die Hauptstadt, liegt im bergigen Hinterland und ist umgeben von herrlichen Bergstraßen. Oft führt Molise ein Schattendasein unter den Urlaubsregionen – ganz zu Unrecht, wie wir mit unserer Tour 6 beweisen.

Apulien, der achtgrößten der zwanzig Regionen Italiens, widmen wir gleich drei Touren in diesem Buch. Kein Wunder, zieht sich Apulien doch vom Sporn bis zum Stiefelabsatz über nahezu 400 Kilometer Luftlinie an der Adria entlang und bietet mit dem Gargano und dem Hinterland zwischen Bari und Brindisi doch grandiose Landstriche zum Entdecken und Relaxen auf zwei Rädern.

Kampanien grenzt an Molise und Apulien und ist die zweitgrößte Region des Landes. Es grenzt im Gegensatz zu Molise und Apulien an das Tyrrhenische Meer und bietet mit der Amalfiküste einer der weltweit wohl spektakulärsten Küstenlandschaften. Auch das Cilento, seit 1998 als UNESCO-Welterbe besonders geschützt, sucht landschaftlich im Süden Europas seinesgleichen. In beiden Gegenden beschreiben wir in diesem Buch jeweils eine Rundreise.

Die Basilikata bildet quasi die Sohle des italienischen Stiefels und ist die drittkleinste Region des Landes. Mit den Lukanischen Dolomiten gehört eines der spannendsten Motorradziele Süditaliens zur Basilikata, deren Hauptstadt Potenza ist. Sowohl die Dolomiti Lucane als auch das interessante Hinterland der Küste beschreiben wir in zwei Touren. Ein ganz besonderes Highlight der Basilikata ist Matera, das als erste Stadt Süditaliens

Fischfang und Handwerk haben eine lange Tradition.

zur Kulturhauptstadt Europas 2019 gewählt wurde.

Die fünfte und südlichste Region auf dem italienischen Festland ist Kalabrien. Mit der Nummer zehn in der Reihenfolge der Regionen liegt die Stiefelspitze damit auf die Größe bezogen im Mittelfeld. Eine große Runde durch das Sila-Gebirge bietet jede Menge Kurvenspaß und tolle Eindrücke. Zudem dient das schöne Kalabrien auch als Sprungbrett hinüber nach Sizilien.

Die sechste Region, die wir für dieses Buch bereisten, hat ganz offiziell ein Sonderstatut mit speziellen Zuständigkeiten in der Gesetzgebung und Verwaltung: Sizilien. Mit einer Küstenlänge von über 1150 Kilometern ist Sizilien die größte Insel im Mittelmeer und beherbergt den größten aktiven Vulkan Europas, den Ätna. Unsere spektakuläre Tour zum Ätna, beschrieben in Kapitel zehn, ist nur eine von vielen Touren, die auf Sizilien machbar sind. Sie alle hier vorzustellen, würde den Rahmen dieses Buches jedoch deutlich sprengen. Eventuell werden wir in der Zukunft einen eigenen Band über diese tolle Insel produzieren.

Das Landschaftsbild Süditaliens ist enorm vielfältig.

GESCHICHTE

Die Geschichte Süditaliens und Siziliens ist ziemlich komplex und zum Teil auch sehr unterschiedlich. Auch das würde den Rahmen dieses Buches sprengen, weshalb wir an dieser Stelle nur einen kurzen Abriss durch die Neuzeit nach dem Mittelalter vorstellen. Im 16. Jahrhundert kämpften Frankreich und Spanien um die Vormachtstellung in Italien. Das einst so glorreiche Italien hatte selber immer weniger zu vermelden. Nach dem Italienfeldzug krönte sich Napoleon 1805 als König von Italien. Nach seinem Ende hatte das österreichische Kaiserreich großen Einfluss. Nach drei Unabhängigkeitskriegen gelang 1870 die Vereinigung Italiens, Rom wurde ein Jahr später Hauptstadt.

Im Ersten Weltkrieg trat Italien auf die Seite der Entente und verbündete sich mit Frankreich, Großbritannien und Russland. Nach deren Sieg annektierte das Königreich Italien Julisch Venetien, Istrien, das Trentino sowie Südtirol.

Nach der Machtergreifung im Jahr 1922 durch Mussolini band sich Italien im weiteren Verlauf an das Deutsche Reich und trat 1940 an der Seite Deutschlands und Japans in den Zweiten Weltkrieg ein. 1943 fügten die Alliierten im Rahmen des Italienfeldzuges dem Land schwere Niederlagen zu, worauf es zur Absetzung Mussolinis und zu einem Waffenstillstand mit den Alliierten kam. Die deutsche Wehrmacht marschierte daraufhin in Italien ein, befreite Mussolini und setzte ihn wieder ein.

Norditalien wurde in Folge von deutschen Truppen besetzt, und erklärte dem von Alliierten besetzten Teil Italiens den Krieg. Die süditalienische Regierung erklärte nun ihrerseits wiederum Deutschland den Krieg, der noch weitere anderthalb Jahre dauern sollte. Im Mai 1945 kapitulierte Deutschland dann endgültig vor den Alliierten.

GESCHICHTEN ZUR REGION: DIE MAFIA

Spricht man über Süditalien, kommt oft das Thema auf die organisierte Kriminalität und damit auf die Mafia. Nicht zu Unrecht, stand doch die Bezeichnung ursprünglich für eine geheime und kriminelle Verbindung, die schon im 19. Jahrhundert durch Erpressung und Gewalt mächtigen Einfluss in Sizilien gewann. Heute hat die sizilianische Mafia, auch bekannt als Cosa Nostra, weltweite Ableger. Sie ist streng hierarchisch organisiert und gilt als einflussreichste kriminelle Organisation weltweit. Geschäftliche Verbindungen hegt die Cosa Nostra sowohl

Gleiches gilt auch für die süditalienische Geschichte.

Die Blütenpracht am Wegesrand ist ein Fest für alle Sinne.

zur Camorra als auch zur so genannten ´Ndrangheta.

In der Camorra sind hauptsächlich die kriminellen Familienclans aus Neapel und der Region Kampanien organisiert. Ihre Ursprünge reichen angeblich bis in das 16. Jahrhundert zurück. Gewinne zieht die Camorra vor allem durch Schutzgelderpressung und illegale Müllentsorgung, aber auch durch andere kriminelle Machenschaften jeglicher Art sowie durch weltweit verzweigte Wirtschaftsgeschäfte.

Ursprünglich aus Kalabrien stammt die ´Ndrangheta. Drogenhandel, illegale Müllentsorgung, Erpressung, Drogen und vieles mehr sorgen für einen geschätzten Jahresumsatz von weit über 50 Milliarden Euro. Nicht umsonst gilt die ´Ndrangheta als die mächtigste Mafia-Organisation Europas. Auch sie ist inzwischen weltweit organisiert. Es dürfte nur wenige Länder auf der Welt geben, in denen sie nicht agiert.

Zwar haben diverse Mafia-Clans in der letzten Zeit durch Verhaftungen und intensive Ermittlungen an Einfluss verloren, dennoch sind die „Gesellschaften" sehr aktiv und immer noch weit verbreitet. Realistisch gesehen besteht jedoch für Touristen in den „mafiösen" Regionen nicht mehr oder weniger Gefahr als in anderen Gebieten. Will heißen, Taschendiebe und anderes kleinkriminelles Volk gibt es überall auf der Welt und der Taschendiebstahl hat mit der Mafia überhaupt nichts zu tun. Im Gegenteil, da die Touristen Geld in die Regionen bringen, speziell in Hotels, Restaurants und ähnliche Betriebe, an denen die Clans verdienen, ist ihnen eher daran gelegen, die Kleinkriminalität auch klein zu halten.

Fangfrischen Fisch gibt es fast täglich im Hafen.

Wir waren schon oft in Süditalien und Sizilien unterwegs und haben noch nie schlechte Erfahrung gemacht. Selbst in der vermeintlichen Hochburg Corleone, aus der die berühmt-berüchtigten Corleonesi stammen und in der es seit den 1940 Jahren Dutzende Opfer im Mafia-Krieg gab, haben wir auf der Piazza unbehelligt Kaffee getrunken und entspannt.

KULINARISCHES

Es ist kein Geheimnis: In Italien versteht man zu Essen. Mit regionalen Zugaben und Spezialitäten werden üppige Abendmahle gezaubert, deren Geschmack noch lange in Erinnerung bleibt. Natürlich darf es auch eine leckere Pizza mit einem frischen Salat sein oder ein aromatisches Nudelgericht mit frischem Käse. Aber ab und an sollte man sich auch ein gutes italienisches Menü gönnen. Prima Tipps und Empfehlungen erhält man meist vor Ort, einfach mal in der Unterkunft fragen. Und dann darf es losgehen mit den Antipasti, den Vorspeisen. Wie wäre es mit hausgemachten Bruschetta, dem gegrillten Brot mit verschiedenen Belägen wie zum Beispiel Tomaten mit Knoblauch oder Schinken? Gebratene Oliven, Mozzarella mit Tomaten, Schinken auf Honigmelone, Carpaccio, gratinierte

Italienisches Brot einfach mal mit Olivenöl probieren: ein Gedicht!

Lecker und erfrischend: Vitamine am Straßenrand.

Ein köstliches Gelato darf nicht fehlen.

Miesmuscheln – die Auswahl ist riesig, lecker ist alles.

Primo, der erste Gang: Zur Auswahl stehen meist Pasta, Gnocchi oder Risotto. Auffallend oft stehen in Süditalien Hartweizennudeln statt Eiernudeln auf der Karte. Der Klassiker ist Pasta con Pesto, dazu Parmesan aus der Region. Gerade bei Hartkäsesorten sind die Süditaliener ganz vorne dabei. Treibt man sich an der Küste herum, empfehlen sich als Primo die Spaghetti alle Vongole, also mit Muscheln. Oder wie wäre es mit Pasta ai Frutti di Mare, Pasta mit Meeresfrüchten?

Secondo, der zweite Gang, kommt mit Fleisch, Fisch und Gemüse. Wobei Süditalien im Vergleich zum wohlhabenden Norden stets benachteiligt war. Praktisch bedeutet das, dass noch heute in vielen südlichen Regionen vegetarische Gerichte auf der Karte stehen. Fleischgerichte bestehen dafür umso öfter aus Lamm, Geflügel, Schwein – Rind findet sich eher nicht so oft. Dafür – natürlich gerade in den Küstengebieten – jede Menge fangfrischer Fisch.

Besonders lecker als Fritto Misto di Mare, also als gebratene, gemischte Meeresfrüchte. Gefüllte Artischocken,

Hähnchenfleischgerichte wie das Zitronenhuhn, das köstliche Saltimbocca, ein gebratenes Kalbsschnitzel mit Schinken und Salbei, das eine leckerer als das andere.

Saisonales Obst aus der Region wäre als Nächstes an der Reihe. Formaggi, also Käse, sind eine Alternative, die Auswahl ist meist reichlich und die örtlichen Spezialitäten sollte man unbedingt einmal durchprobieren. Natürlich dürfte man nun auch zu den Dolci greifen, den süßen Nachspeisen. Und nein, es muss nicht immer Tiramisu sein, obwohl das ursprünglich aus Venetien stammende Dessert in Italien natürlich tausendmal besser schmeckt.

Unbedingt probieren: die Cassata Siciliana! Die sizilianische Spezialität ist ein köstliches Dessert aus italienischem Ricotta, Biskuit und kandierten Früchten, überzogen mit Zucker- oder Schoko-Guss. Dass ein solch fulminantes Mahl in Italien mit einem starken Espresso und zumindest noch mit einem Grappa abgeschlossen wird, versteht sich von selbst.

Weine aus Süditalien sind legendär. Das Klima und die für den Weinanbau oft perfekten Böden sowie die langjährigen Erfahrungswerte vieler Winzer lassen qualitativ hochwertige Tropfen entstehen. Besonders die Weine von den Südhängen des Ätna haben es uns angetan. Sizilien gilt leider eher als Massenweinland denn als qualitativ hochwertig. Allerdings bestimmt auch hier die Ausnahme die Regel. Wir haben auch auf Sizilien frische Weißweine genossen, die uns richtig zugesagt haben.

Obst und Gemüse gibt es auch mobil.

Wasser und **Feuer**

Die Amalfitana ist legendär. Die 1850 in den Fels der Amalfiküste geschlagene Küstenstraße bietet unglaubliche Ausblicke weit hinaus auf den Golf von Salerno und jede Menge Kurvenspaß. Zwischen bildschönen Orten und azurblau schimmernden Buchten lässt es sich perfekt cruisen. Die heiße Tour endet dann am einzigen aktiven Vulkan auf dem europäischen Festland.

Genuss pur mit dem Motorrad: die Amalfiküste in Kampanien.

TOUREN-STECKBRIEF

START- UND ZIELORT

Salerno (40.676644, 14.753463)
Portici (GPS 40.819121, 14.328884)

STRECKENLÄNGE

ca. 155 km

DAUER DER TOUR

8 Stunden

ROADBOOK

Salerno, Vietri sul Mare, Cetara, Ravello, Amalfi, Positano, Termini, Sant'Agnello, Vico, Castellammare, Pompeji, Torre del Greco, Vesuv, Portici.

HIGHLIGHTS

Die Amalfitana ist wie beschrieben das Highlight und eine der schönsten Küstenstraßen weltweit (40.671889, 14.729024 / Beginn in Vietri sul Mare).

Die Auffahrt zum 1281 Meter hohen Vesuv ist immer wieder ein ganz besonderes Erlebnis (40.828261, 14.426106 / Parkplatz unterhalb des Kraterrandes).

Bei Capri versinkt die rote Sonne im Meer.

NÁPOLI
ERCOLANO
PÓRTICI
SAN GIORGIO a Cremano
TORRE DEL GRECO
TORRE ANNUNZIATA
CASTELLAMMARE di Stábia
Vico Equense
Piano d.Sorrento
Sorrento
Massa Lubrense
Sant' Agnello
Meta
Positano
Praiano
Amalfi
Atrani
Ravello
Minori
Maiori
Cetara
Vietri sul Mare
SALERNO
CAVA de' Tirreni
GRAGNANO
Pimonte
Agérola
Lettere
Cásola di Nápoli
POMPEI
SCAFATI
BOSCOREALE
Boscotrecase
Trecase
ANGRI
PAGANI
Nocera Inferiore
Nocera Superiore
SARNO
Poggiomarino
Terzigno
SAN GIUSEPPE Vesuviano
OTTAVIANO
S.ANASTÁSIA
SOMMA Vesuviana
Saviano
NOLA
Palma Campánia
AVELLINO
Atripalda
Mercogliano
Monteforte Irpino
Montoro Inferiore
Solofra
Mercato S.Severino
Fisciano
Baronissi
Pellezzano
Roccapiemonte
Siano
Bracigliano
Castèl San Giórgio
Quíndici
Cicciano
Roccarainola
Avella
Camposano
Cimitile
MARIGLIANO
Brusciano
POMIGLIANO d'Arco
ACERRA
CAIVANO
CARDITO
FRATTAMAGGIORE
AFRAGÓLA
CASALNUOVO di Nápoli
ARZANO
CASÓRIA
CASAVATORE
Volla
Cércola
Póllena-Trocchia
Parco Naz. del Vesúvio
Vesúvio
Capri
Villa Jóvis
Grotta Verde
Area Marina Protetta Punta Campanella
Penisola Sorrentina
Costiera Amalfitana
Golfo di Salerno
Monti Lattari
Grotta dello Smeraldo
Conca dei Marini
Capo d'Orso
Duomo di Amalfi
Villa Rufolo
Museo della Carta
Abbazia della Trinità
Duomo di Salerno
Teatro Verdi
Palazzo di Città
Castello di Arechi
Museo Archeologico

Salerno, die quirlige Hafenstadt am Tyrrhenischen Meer, ist der Ausgangspunkt für diese spannende Tour von Golf zu Golf. Gestern trudelten wir hier in Salerno ein, nahmen die antike Altstadt unter die Schuhsohlen, erkundeten die ewig lange Strandpromenade und das wehrhafte Castello Arechi. Den Abend ließen wir dann in den einladenden Bars und Restaurants in den verwinkelten Gassen rund um den Dom ausklingen. Entsprechend schwer fiel es Kiki und mir dann heute Morgen aus den Federn zu kommen. Aber die Aussicht auf die heutige Tour motiviert natürlich, denn es geht auf die legendäre Strada Statale 163, auf die Amalfitana.

Die Berge des Sorrento wachen über der Amalfitana.

Funkelndes Meer

Kaum haben wir Salerno vorbei am mächtigen Hafen verlassen, dürfen wir schon den ersten Blick weit über den Golf von Salerno werfen. In der frühen Sonne glitzert und funkelt das Meer, Fischerboote ziehen eine gleichmäßige Linie durch das Wasser und die Freizeitkapitäne steuern ihre Segelboote durch den Golf. Würzige Seeluft dringt in den Helm. Wenige Meter weiter, am Stadtrand von Vietri, beginnt dann die SS 163. Bevor die sich aber als echte Küstenstraße hervortut, schlängelt sie sich erstmal durch Vietri sul Mare. Gut so – denn so dürfen

Viel besucht und bildschön: Positano.

auch wir einen Blick auf das tolle Städtchen werfen, das nicht umsonst zur Vereinigung „I borghi più belli d'Italia", zur Vereinigung der schönsten Orte Italiens gehört. Vor allem durch seine handgefertigte bunte Keramik ist Vietri bekannt. Überall im Stadtbild begegnet man den bildschönen Vietri-Fliesen, die viele der alten und neuen Häuser schmücken. Teller und Becher, Vasen und andere Keramik werden überall im Dorf angeboten. Schade, dass wir keinen Platz mehr in den Motorradkoffern haben, die Stücke sind zum großen Teil wirklich geschmackvoll und ansprechend.

Kurve für Kurve windet sich die Amalfitana westlich von Vietri durch die bewaldeten Berghänge. Immer wieder blitzt linker Hand das Meer durch Bäume und Buschwerk, rechts begrenzt steiler, grauer Fels die Straße. Dazwischen locken viele kleine Haltepunkte zu spannenden Panoramen.

Weg von der Küste

Jetzt am frühen Vormittag hält sich auch der Verkehr in Grenzen. Wir sind im April hier, was generell eine

Mobile Klassiker unter sich.

Aussichtspunkte gibt es im Sekundentakt (kl. Bild). Traumstraße im Fels: Die Strecke ist ein bauliches Meisterwerk (rechte Seite).

gute Jahreszeit für diese Region ist. Im Sommer muss man bisweilen schon mal Geduld mitbringen, dann ist auf dieser herrlichen Küstenstraßen sehr viel mehr los. Bei Cetara macht die Straße einen großen Schwenk weg von der Küste. Es geht durch das Dorf, dass sich entlang eines schmalen und engen Tals zwischen den hohen Berggipfeln rechts und links versteckt. Ein paar Läden und Bars, eine Eisdiele, dann sind wir schon wieder am Hafen und weiter geht es zwischen Meer und unzähligen Bergterrassen hindurch. Unzählige Badebuchten mit herrlichen Sandstränden laden weit unterhalb der Amalfitana zur Pause.

Hinter Cetara kommt erst mal nichts, nur fantastische Landschaft und eine traumhafte Straße. Kilometerlang folgen wir der Küstenlinie, Schräglage nach Schräglage, welch eine Fahrt. Irgendwann dann eine lang

gestreckte 180-Grad-Kurve und wir rollen nach Maiori hinein. Hier führt die SS 163 direkt als Promenade entlang des Strandes.

AUTOREN-TIPP

STRADA STATALE 163 – DIE AMALFITANA

Die italienische Staatsstraße 163 führt entlang der Amalfiküste von Vietri sul Mare (GPS: 40.671190, 14.732666) bei Salerno bis Meta di Sorrento (GPS: 40.630379, 14.426943) und gilt als eine der schönsten Küstenstraßen der Welt. Sie ist ziemlich genau 50 Kilometer lang und liegt komplett in Kampanien, der viertsüdlichsten Region des italienischen Festlands. Die Bauarbeiten begannen 1832 und endeten im Frühsommer 1850. Einige der Küstenorte waren bis zu ihrer Fertigstellung ausschließlich per Boot über das Meer oder über steile und enge Fußwege erreichbar. Die Trasse führt durch zahlreiche Tunnel und über einige Viadukte. Ursprünglich war sie nur so breit, dass zwei Eselskarren aneinander vorbeikamen. Auch heute gibt es noch einige sehr enge Stellen. Nicht zuletzt deshalb ist der größte Abschnitt die SS 163 zwischen Vietri sul Mare und Positano täglich zwischen 6.30 Uhr und Mitternacht für Wohnwagen gesperrt. Auch für Busse gelten verschiedene Einschränkungen.
In Amalfi, Minori, Maiori und Cetara führt sie direkt in Meereshöhe und entlang der Küste durch den Ort, während sie dazwischen teilweise bis zu 100 Meter hoch über dem Wasser durch den Fels führt. Parallel der Amalfitana führen fantastische und aussichtsreiche Wanderwege durch die steilen Hänge. Linienbusse befahren regelmäßig die komplette Strecke. Insbesondere in den Orten ist eine aufmerksame Fahrweise angeraten. Zum einen wegen der bisweilen wagemutigen Fahrweise der Einheimischen, zum anderen wegen der verbreiteten Geschwindigkeitskontrollen.

Zwei Superlative

Unter schattenspendenden Palmen locken gemütliche Cafés, Kiki und ich können nicht widerstehen. Direkt auf der breiten Promenade stelle ich die Honda ab und nur wenige Meter daneben entern wir zwei bequeme Korbstühle und lassen uns bei einem leckeren Cappuccino die warme Seeluft um die Nase wehen – welch ein Genuss! Maiori bietet gleich zwei Superlative.

Das Küstenstädtchen verfügt nicht nur über den längsten Strand der Amalfiküste, es protzt auch mit dem riesigen Castello di San Nicola de Thoro-Plano. Die mächtigen Burgmauern umschließen eine Fläche von über 7 500 Quadratmetern, ein Besuch in der interessanten Anlage lohnt sich auf jeden Fall. Aber Vorsicht, die vielen Stufen sind eine sportliche Herausforderung. Das unvergleichliche Panorama von dort oben und der freundliche Empfang machen das jedoch allemal wieder wett.

Zu Fuß durch den Ort

Vorbei an Minori und Ravello trudeln wir schließlich in Amalfi ein, dem namensgebenden Ort dieser Küstenregion. Ein Moppedparkplatz ist schnell am großen, zentralen Kreisverkehr gefunden und zu Fuß lassen wir uns ein wenig durch den schönen Ort treiben. Wohl dem, der einen Sitzplatz im Café auf dem Domplatz bekommt. Für uns ist dies einer der schönsten Plätze Kampaniens. Die grandiose Fassade des rund 1000-jährigen Doms vor den gewaltigen Felsen, der plätschernde, mondäne Brunnen, eine beeindruckende Kulisse. Dass sich dieses Ambiente natürlich auch im Preis des Cappuccino niederschlägt, muss man einfach akzeptieren.

Etwas südlich von Amalfi bei Lone zweigt von der Amalfitana rechter Hand die SS 366 ab. Hier beginnt die Sorrento-Halbinsel. Die SS 366 kürzt

Kurvenreich geht es durch Tunnel …

den Weg nach Norden ab und führt quer über die Bergkette der Monti Lattari in Richtung Castellammare und weiter nach Neapel. Sie ist dank ihrer unzähligen Serpentinen und Kurven zwar ebenfalls eine tolle Traumstrecke, aber hier schon die Tour über die Amalfitana zu beenden, wäre ein echter Frevel.

Schlenker ums Kap

Am Capo di Conca, bei Conca die Marini macht die Küstenstraße einen Schlenker ums Kap herum. Gleich dahinter lockt ein Hinweisschild zur Höhle Grotta dello Smeraldo. Die sollte man sich nicht entgehen lassen. Einmal in die Unterwelt unter den steilen Küstenfelsen einzutauchen ist ein spannendes Erlebnis. Wobei eintauchen nicht wörtlich gemeint ist. Es bleibt ein trockenes Vergnügen, Boote bringen die Besucher in die Höhle, deren Wasser schon fast unnatürlich azurblau leuchtet.

Kaum zu glauben, je weiter wir in Richtung Westen düsen, umso spektakulärer wird die Amalfitana. Bei Furore geht es durch einen Tunnel, unmittelbar dahinter führt der Asphalt über eine Brücke, die einen breiten Felsspalt

... und Felsen.

Hoch über der „Costiera Amalfitana“.

überbrückt. Darin verstecken sich einige wenige urige Häuser und ein kleiner, lauschiger Badestrand. Gleich darauf geht es wieder durch steilen Fels, aus dem die Straße in mühsamer Kleinarbeit herausgeschlagen wurde. Ein Schild warnt vor Steinschlag. Tatsächlich sollten hier vor allem Motorradfahrer bei allen tollen Panoramen auch auf die Straße achten. Nicht selten lösen sich Steine aus dem Fels, vor allem nach längeren Regenfällen oder Sturm. Auch das hier geltende Halteverbot sollte man genau aus diesem Grund schon im eigenen Interesse beachten.

Frisches Obst für die kleine Pause zwischendurch.

Ein bildschöner Ort

Positano, in großem Bogen führt die Amalfitana quer durch den Ort. Es fällt schwer, von Positano nicht gefesselt zu sein. Der berühmte amerikanische Schriftsteller John Steinbeck schrieb schon 1953: „Positano beeindruckt zutiefst. Es ist ein traumhafter Platz, der nicht real wirkt, wenn du dort bist, aber er wird verlockend real, wenn du gegangen bist.“ Wohl wahr! Bildschön schmiegen sich die farbenfrohen Häuser Positanos an den steilen Berg, am breiten Stadtstrand liegen bunte Fischerboote, enge Treppen und Aufgänge verstecken sich zwischen den urigen Fassaden – ein fantastischer Anblick. Nur im Hochsommer möchten wir nicht hier sein. Dann steht die Küstenstraße kurz vor dem Kollaps und die Bevölkerung vervielfacht sich. Jetzt im April, alles kein Problem. Übrigens, in Positano kann man nicht nur ein Boot mieten, hier legen auch die Fähren zur etwa 20 Kilometer entfernten Insel Capri ab.

Ein köstliches Eis später sind Kiki und ich wieder auf der Küstenstraße unterwegs. Und wieder folgen über viele, viele Kilometer unzählige Kurven, Kehren und Aussichtspunkte. Westlich von Sorrento, direkt gegenüber der Insel Capri, umrunden wir das Kap der Sorrento-Halbinsel und erreichen bald Sant'Agnello. Es wird urbaner, die Amalfitana endet offiziell in Sorrento und mit einem letzten Stück herrlicher Küstenstraße bei

Pompeji ist ein faszinierendes Ausflugsziel.

Vico geht es in den zunehmenden Verkehr an der Küste des Golfs von Neapel. Wer ab hier wieder zum Ausgangsort Salerno zurückkehren möchte, dem sei die bereits vorhin erwähnte Bergstrecke über die Monti Lattari, die SS366 empfohlen. Kiki und mich reizt aber noch die Weiterfahrt gen Norden über Pompeji und bis zum einzigen aktiven Vulkan des europäischen Festlands, dem Vesuv.

Antike Stadt

Keine zehn Kilometer Luftlinie sind es von Vico bis Pompeji, der antiken Stadt südöstlich des Vesuvs. Das römische Pompeji wurde im Jahr 79 beim Ausbruch des Vesuvs innerhalb weniger Stunden unter einer bis zu 25 Meter dicken Schicht aus Bimsstein und Asche begraben. Im Lauf der Jahrhunderte und einer wechselvollen Geschichte wurde die Stadt Stück für Stück wieder freigelegt, ein Besuch in Pompeji ist ungemein beeindruckend. Man sollte ihn sich nicht ent-

Ein Opfer des Vulkans (oben).

Für viele ist die Amalfitana die schönste Küstenstraße der Welt (links und unten).

gehen lassen. Auch ein Besuch des nur wenige Kilometer nordwestlich liegenden Vulkan Vesuv ist einfach ein Muss in dieser Region. Schon die spannende Auffahrt mit dem Motorrad über die westliche Zufahrtsstraße ist ein Erlebnis. Wie in einem startenden Flugzeug geht es steil hinauf, die Landschaft im Rückspiegel wird immer kleiner und die Aussicht auf die Küstenregion immer grandioser. Die allerletzten Meter auf den 1281 Meter hohen Vulkankegel geht es nur noch zu Fuß weiter, aber die Mühe lohnt. Oben angekommen steigen schwefelige Dämpfe in unsere Nase, Rauchschwaden wabern durch die Luft, ein mystischer Ort und wir möchten gar nicht darüber nachdenken, dass der Vulkan derzeit eigentlich nur ein wenig ruht. Der letzte große Ausbruch fand 1944 statt.

Am Vesuv brodelt es unter der Erde.

Steile Bergstrecke

Mit reichlich Schwung stürzen wir uns schließlich mit der Honda wieder die steile Bergstrecke hinunter, nehmen Kurs auf Portici. In dem Küstenort, der im Norden fast übergangslos in die kampanische Hauptstadt Neapel übergeht, endet unsere Tour für heute. Dank der Nähe zum spannenden Neapel ist der perfekte Ausgangsort für einen spannenden Trip in die süditalienische Metropole, die morgen auf dem Programm steht. ◂

INFOS ZUR TOUR

CHARAKTERISTIK

Diese Route kann durchaus eine fahrerische Herausforderung werden. Die Küstenstraße ist teilweise recht eng und sehr kurvenreich. Kurvenschneidende Einheimische sind genauso präsent wie plötzlich überholende Rollerfahrer. Auf einigen Abschnitten unterhalb der Felsen unbedingt auf die Fahrbahn achten, bisweilen liegen dort Steine herum. Die größte Gefahr ist jedoch die Ablenkung durch die unglaublichen Ausblicke, aber dafür gibt es jede Menge Aussichtspunkte.

PÄSSE DER TOUR

Passstraßen gibt es auf dieser Route nicht.

ÜBERNACHTUNG

Il Gabbiano Hotel

Via Pasitea 310, 84017 Positano
Sympathisches Haus mit nettem Empfang, Zimmer mit toller Aussicht über das Meer, gutes Frühstück, eigener Parkplatz, zentrale Lage.
www.ilgabbianopositano.com
GPS 40.628298, 14.483494

Gold Hotel

Corso Garibaldi 197, 80055 Portici
Verkehrsgünstige Lage, freundlicher Service, Restaurant und Spa, eigener Parkplatz und ansprechende Zimmer.
www.goldhotel.it
GPS 40.819109, 14.328896

Camping Lido di Salerno

Via Lago Trasimeno, 84098 Pontecagnano
Netter Platz mit freundlichem Team direkt am Wasser, günstige Lage.
www.campingsalerno.it
GPS 40.595652, 14.871056

KOMBINATIONSMÖGLICHKEITEN

In Richtung Süden lässt sich diese Tour gut mit Tour 2 kombinieren. Wer noch einige Kilometer hinzufügen möchte, dreht noch die interessante Bergrunde über Valico di Chiunzi durch die Monti Lattari.

Antike Stadt vergraben unter der Asche

Die antike Stadt Pompeji gleich unterhalb des Vesuvs wurde im Jahr 79 bei einem Vulkanausbruch verschüttet. Heute kann man sie wieder besuchen.

Pompeji, keine 20 Kilometer südlich von Neapel gelegen, galt in der Antike als recht wohlhabende Stadt. Umgeben von einer sicheren Stadtmauer und mit einem herrlichen Blick auf den Golf von Neapel, lebten die rund 20 000 Einwohner inmitten einer perfekten Infrastruktur. Der geschäftige Handelshafen, ein Theater und luxuriöse Badeanlagen, der mächtige Jupitertempel sowie eine große Sportanlage und ein Schwimmbad, umgeben von schattenspendenden Bäumen, sorgten für Kurzweil. Auf den sorgsam gepflasterten Straßen herrschte üblicherweise reges Treiben.

Am 24. August des Jahres 79 war es jedoch schlagartig mit der Idylle vorbei: Mächtige Rauchschwaden verdunkelten die Stadt und wenige Minuten später fiel heiße und giftige Asche vom Himmel und es regnete glühenden Bimsstein. Innerhalb kürzester Stadt starb etwa ein Drittel der Stadtbewohner. Viele davon wurden durch das Gestein erschlagen, der größte Teil erstickte jedoch. Zwar überlebten zwei Drittel der Bürger Pompejis, wer

Pompejis Ruinen zu Füßen des Vulkans.

jedoch die Stadt nicht verließ, starb am Tag danach. Denn der zweite Ausbruch war noch viel heftiger und zudem wurden weite Teile der Stadt von glühender Lava überzogen. Pompeji und viele tausend Menschen wurden für Hunderte von Jahren unter einer bis zu 25 Meter dicken Bimsstein- und Asche-Schicht begraben und gerieten in Vergessenheit.

Etwa ab dem Jahre 1700 besann man sich der römischen Stadt und begann, wahllos und ziellos zu graben. Unermessliche Schäden und Plünderungen waren die Folge. Was nicht irgendwie mitgenommen werden konnte, wurde oft zerstört und erst gute hundert Jahre später begannen die ersten reglementierten und systematischen Ausgrabungen.

Heute ist das ausgegrabene und erschlossene Pompeji ein einzigartiges Zeugnis antiker Kultur. Vieles blieb unter der Asche unglaublich gut konserviert und durch hohe Fördergelder der EU werden bis heute und auch weiterhin umfangreiche Restaurierungen durchgeführt. Der Gang durch die Straßen und Mauern dieser historischen Stätte ist unglaublich beeindruckend und einfach ein Muss.

Ausführliche Infos, alle Fakten und Beschreibungen zum Besuch Pompejis inklusive einer großen Karte zum Herunterladen gibt es im Internet unter **www.pompeiisites.org** auch in deutscher Sprache. Der Archäologiepark ist ganzjährig geöffnet, Tickets gibt es vor Ort und online. ◂

Vieles zeugt noch heute vom einstigen Wohlstand.

In den Straßen der antiken Römerstadt.

Zwischen Bergen **und Meer**

Die Region des Cilento steht für Abwechslung pur. Entlang der Küste verlaufen aussichtsreiche Panoramastraßen, im Hinterland warten kurzweilige Bergstrecken mit unzähligen Kurven und Kehren. Unter dem besonderen Landschaftsschutz der UNESCO stehend, liegt über dem Cilento eine unglaubliche Ruhe und Gelassenheit – hier stimmt noch die Metapher vom Geheimtipp!

Cilento ist eine Berglandschaft für Entdecker.

TOUREN-STECKBRIEF

BASISORT
Agrópoli (40.350516, 14.983535)

LÄNGE DER TOUR
ca. 220 km

DAUER DER TOUR
8 Stunden

ROADBOOK
Agrópoli, Castellabate, Acciaroli, Ascea-Velia, Palinuro, Marina di Camerota, Sapri, Caselle in Pittari, Torre orsáia, Montano Antilia, Vallo della Lucania, Copersito, Ogliastro Cilento, Agrópoli.

HIGHLIGHTS
Der bildschöne Abschnitt der Küstenstraße SS267 zwischen Montecórice und Ascea-Velia ist Mopped-Spaß pur (40.169965, 15.045878 / bei Acciaroli).

Kurvenreiche Bergstrecken versprechen kurzweilige Touren, das gilt besonders zwischen Montano Antilia und Vallo della Lucania (40.176556, 15.290034 / etwa mittig der Strecke).

Acciaroli, ein hübscher Ort an der Cilentoküste.

Paestum
Tempio di Cerere
Tempio di Nettuno
Torre di Paestum
Capáccio
Roccadáspide
Castèl San Lorenzo
Bellosguardo
Roscigno-Vécchio
Roscigno
Trentinara
Giungano
San Giuseppe
Chiusa Vécchia
Monteforte Cilento
Felitto
del Cilento
Sacco
Laurino
Piaggine
Valle dell' Angelo
Teggiano
Castello Sanseverino
Monte San Giácomo
Sassano
Sala Con
Riserva Naturale
Prato Perillo
San Marco
Pantano Grande
Licinella
Spinazzo
Staz. Ogliastro Cilento
Faro Punta Fortino
Agrópoli
Torre S. Francesco
La Porta
Ogliastro Cilento
Eredita
Finocchito
San Giuliano
Monte Cicerale
Cicerale
Capizzo
Magliano Vètere
Magliano Nuovo
Torchiara
Prignano Cilento
Copersito
Rutino
Laureana Cilento
Matonti
San Pietro
Ostigliano
Perito
Orria
Piano-Vetrale
Gioi
Stio
Gorga
Cámpora
Rocca Cilento
Staz. di Rutino
Lustra
Vatolla
Mercato Cilento
Castellabate
Torretta
Perdifumo
San Mango
Valle
Sessa Cilento
Santa Lucia
Omignano
Fasana
Salento
Serramezzana
Zoppi
Fornelli
Stella Cilento
Pietà
Case del Conte
Ortodónico
San Máuro Cilento
Guarrazzano
San Giovanni
Acquavella
Montecórice
Agnone
Casal Sottano
Galdo
Celso
Cannicchio
Póllica
Casal Velino
Acciaroli
Torre la Punta
Pioppi
Marina di Casal Velino
Staz. di Vallo Castelnuovo
Pattano
Pantana
Castelnuovo Cilento
Staz. di Casal Velino
Vélia
Petrosa
Cardile
Mòio d. Civitella
Pellare
Angellara
Cannalonga
Vallo della Lucánia
Novi Vélia
Madonna di Novi Velia
Massa
Massascusa
San Biase
Ceraso
Santa Bárbara
Cuccaro Vètere
Futani
Montano Antilia
Abatemarco
Laurito
Alfano
Rofrano
Tresanti
San Menale
e Vallo di Diano
Sanza
Castellammare di Vélia
Terradura
Ascea
Marina di Ascea
Mandia
Catona
Eremiti
Ródio
San Máuro la Bruca
San Nazário
Massicelle
Roccagloriosa
Pisciotta
Marina di Pisciotta
Villággio Lido Paradiso
Staz. Pisciotta-Palinuro
San Nicola
Caprioli
Céntola
Foria
San Severino
Poderia
Celle di Bulgheria
Arco Naturale
Palinuro
Castello di Molpa
Grotta Azzurra
Capo Palinuro
Grotta delle Ossa
Camerota
Licusati
Lentiscosa
Marina di Camerota
Capo Grosso
Pineta
Punta d. Infreschi
Castèl Ruggero
Torre Orsáia
Case Caleo
Staz. di Torre Orsáia
Acquavena
Bosco
Policastro Bussentino
Scário
Punta Spinosa
San Giovanni a Piro
Santa Marina
San Cristóforo
Morigerati
Sicilì
Cerreto
Tirreno

Agropoli erstreckt sich am Rand des Nationalparks Cilento.

Schon mal vom Cilento gehört? Wahrscheinlich eher nicht. Das ist schade, denn das riesige Gebiet im Viereck zwischen Agrópoli im Norden, Sapri im Süden und den Monti della Maddalena als östliche Grenze, bietet nicht nur über 100 Kilometer spannende Küstenlandschaft und unzählige Berggipfel bis zu fast 1900 Metern Höhe, sondern auch Kultur, Natur und nicht zuletzt jede Menge meist mittelalterliche Dörfer. Den Wert dieser Landschaft erkannte die UNESCO bereits vor gut 20 Jahren und schützt sie seitdem als Welterbe der Menschheit. Schon zehn Jahre zuvor war der größte Teil des Cilento zum Nationalpark erklärt worden.

Das hübsche Zentrum von Pisciotta .

Das Hafenstädtchen Agrópoli, ganz im Norden des Cilento gelegen, ist der Startort unserer Tour. Die Altstadt, wunderschön auf mächtigen Felsen über dem Meer thronend, entlässt uns in Richtung Süden. Die Strada Statale 267 führt in sanften Schwüngen durch die noch kühle Landschaft nach Castellabate, wo wir wieder aufs Meer treffen. Der lange Sandstrand lockt zum Baden, wofür es uns eigentlich aber noch etwas zu früh und zu frisch ist. Die Bucht von Castellabate, malerisch gelegen zwischen den Landspitzen Punta Licosa und Punta Tresino, war das erste Naturschutzgebiet im Cilento und der erste Unterwasser-Naturschutzpark ganz Süditaliens. Traumhafte Wanderwege führen durch die bergige Landschaft und entlang dieses schönen Küstenabschnittes finden sich selbst im Hochsommer noch angenehm leere Badeplätze.

Entlang der Küste

Der nette, sehr überschaubare Badeort Montecórice läutet den langen, aussichtsreichen Abschnitt der SS 267 ein, der über viele Kilometer direkt entlang der Küste führt. Hoch über den weiß schäumenden Wellen rollen wir entspannt zwischen dem azurblauen Meer und den hohen, mit dichtem Grün bewachsenen Bergen hindurch. Geradezu leer ist die Küstenstraße, außer uns ist hier kaum jemand unterwegs. Schmale Haltebuchten locken ab und an zum Anhalten und Genießen. An der Küstenlinie wechseln sich Sand und Fels ab, dazwischen findet sich der eine oder andere Angler auf der Jagd nach seinem Mittagessen. Richtig idyllisch ist es hier. >

Die SS 267 – Küstenstraße mit traumhaftem Ausblick

Pause im Fischerhafen von Acciaroli.

Bei Acciaroli setze ich den Blinker und steuere den uralten Fischerhafen an. Die Hauptstraße führt hinter dem Dorf entlang und später gleich wieder an die Küste, aber einen Abstecher in Acciarolis kleine Altstadt dürfen wir uns nicht entgehen lassen. Zu Füßen der alten Kirche direkt am Hafen lasse ich die Honda ausrollen und gegenüber auf der anderen Straßenseite lassen wir uns in die bequemen Korbstühle des Cafés fallen. Eigentlich ist es ja noch etwas früh für eine Pause, aber die relaxte Atmosphäre wirkt einfach ansteckend.

AUTOREN-TIPP

NATIONALPARK CILENTO UND VALLO DI DIANO

Seit 1991 ist der größe Teil des Cilento als „Parco Nazionale del Cilento e Vallo di Diano" unter besonderen Schutz gestellt. Der zweitgrößte Nationalpark Italiens beinhaltet eine Fläche von über 180 000 Hektar.

Das zumeist bergige Gelände erstreckt sich von der Küste des Tyrrhenischen Meeres bis zum Tal Vallo di Diano. Dahinter steigt der Apennin in die Höhe. Sieben Jahre nach Gründung des Nationalparks, wurde er zum UNESCO-Welterbe erklärt. Bedeutende Zentren sind im Hinterland Vallo della Lucania und an der Küste Camerota. Mit einer Höhe von 1898 Metern ist der Monte Vervati der höchste Berg der Region.

Während man den Steinadler in den Bergen des Cilento öfter sehen kann, ist eine Begegnung mit den im Nationalpark lebenden Wölfen eher unwahrscheinlich. Für die Wölfe ist das wahrscheinlich auch besser. Gleiches gilt für die ebenfalls in den Bergen lebenden Wildkatzen. Bei Paestum, ganz im Norden des Nationalparks, leben Wasserbüffel, aus deren Milch der traditionelle Mozzarella di Bufala hergestellt wird. **www.cilento-nationalpark.de**

Schwatzende Rentnergang

Während wir unseren leckeren Cappuccino schlürfen, schauen wir dem Fischer zu, der in aller Ruhe sein Netz flickt und dem Obsthändler, der frische vitaminreiche Südfrüchte direkt von der Ladefläche seines klapprigen Lieferwagens feilbietet. Und natürlich darf auch hier nicht die obligatorische Rentnergang fehlen – das Grüppchen schwatzender Rentner auf der Bank. „So könnte ich mir das auch im Alter vorstellen", schlage ich der besten Sozia der Welt vor. Skeptisch guckt

sie mich an: „Ja ja, und die Frauen stehen am Herd und machen das Mittagessen. Du hattest schon mal bessere Ideen.“

Wenig später düsen wir weiter entlang der Küste. Schräglage für Schräglage arbeiten wir uns gen Süden zwischen blühender Macchia und Olivenhainen hindurch. Regelmäßig weisen die Verkehrsschilder auf kommende Kurven hin, was eigentlich völlig überflüssig ist, denn hier gibt es eh nur Kurven – geradeaus ist Fehlanzeige. Das Küstendorf Pioppi überrascht uns mit Weihnachtsdeko. Quer über die Straße sind riesige Sterne mit Schweif gespannt, irgendwo erkennen wir dazwischen einen Schlitten und ein paar Weihnachtsglocken. Da hat sich wohl ein findiger Bürgermeister das Abbauen sparen wollen. Na ja, acht Monate noch, dann stimmt's ja wieder.

Eine Hafenstadt, die gut einen Kilometer vom Meer getrennt ist? Die gibt es! Elea, durch das wir etwas südlicher rollen, war einst eifrige griechische Hafenstadt und hieß Velia. Gegründet vor gut zweieinhalb Jahrtausenden ist Elea heute durch Verlandung weit vom Wasser entfernt. Selbst wer sich sonst nicht unbedingt für Archäologie interessiert, wird sich für die heute zugäng-

Oliven sind der Exportschlager.

Kurvenreiche Küstenstraßen: Was will man mehr?

lichen Ausgrabungen begeistern können. Auch Kiki und ich schlendern durch die weitläufige Anlage, staunen über die gut erkennbaren Überreste der Thermen und der einstigen Ziegelfabrik, der Kaimauern und des Leuchtturms. Kaum vorstellbar, dass einst das Wasser tatsächlich bis hierher reichte. Besonders faszinierend sind auch die noch gut erhaltenen Überreste der Straßen, hier zeigt sich faszinierende, antike Straßenbaukunst.

Schroffe Landzunge

Zurück auf der Küstenstraße, deren Bezeichnung sich hier bei Elea in SR 447 ändert, nehmen wir die nächsten Kurvenkilometer unter die Reifen. Über Ascea-Velia und das schöne Pisciotta nehmen wir das Capo Palinuro ins Visier. Dessen schroffe Landzunge ragt weit hinaus ins Thyrrenische Meer. Während an seiner südlichen Seite steile, felsige Klippen ins Meer abfallen, überzeugt die Nordseite mit einem schönen Sandstrand und dem interessanten Yachthafen. Auch die folgenden Küstenkilometer bis Marina di Camerota sind feinster Sandstrand. Die Küstenstraße verläuft direkt daran vorbei, wir könnten uns problemlos direkt vom Mopped in den Sand fallen lassen. Noch ist aber zu früh für eine Pause, die heben wir uns für Sapri auf.

Der beliebte Badeort bildet das südliche Ende des Cilento. Lange, einladende Badestrände warten auch hier auf sonnenhungrige Urlauber. In einem der vielen Straßencafés gönnen wir uns ein knuspriges Foccacio. Das köstliche italienische Fladenbrot, ursprünglich eine Spezialität der ligurischen Küste, wird ähnlich einer Pizza mit Käse, Wurst, Schinken oder Gemüse und Gewürzen gefüllt. Frisch und warm serviert ist es ein Gedicht.

Das so malerisch in einer großen Bucht im Golf von Policastro liegen-

Bei Ogliastro locken weite Badestrände.

de Sapri ist unsere Wendemarke. Der südlichste Punkt unserer Cilento-Runde ist erreicht und wir lassen Küste und Meer hinter uns, jetzt geht es in die Berge – und wie! Kaum haben wir Sapri hinter uns gelassen und die Bahnstrecke entlang der Küste überquert, geht ein unglaublicher Kurvenspaß los. Vorbei an dem malerischen Bergdorf Torraca mäandert die SP 16 durch die Bergwelt des Cilento.

Beeindruckende Höhle

Auf und ab geht es entlang dicht bewaldeter Bergflanken. Zwischendurch passieren wir den einen oder anderen überschaubaren Olivenhain und auch ein paar Weinreben versuchen, etwas von der süditalienischen Sonne abzubekommen. Bei Caselle in Pittari lassen sich, wenn man denn möchte, die müden Motorradfahrerbeine vertreten. Etwas östlich des Ortes liegt die beeindruckende Höhle Grotta del

Pisciotta bietet steile Straßen und viele Treppen

Bussento und ein Besuch dort sorgt für interessante Eindrücke.

Torre Orsáia, Alfano und Montano Antilia, nur einige der vielen Bergdörfer auf den Kuppen des Cilento, führen uns in Richtung des 1705 Meter hohen Monte Sacro. Der hohe Gipfel ist ein beliebtes Wanderrevier, von den umliegenden Dörfern führen einige spannende, ausgeschilderte Wege hinauf. Auch für Mountainbiker sind die Wege durch diesen Teil des Cilento eine echte Herausforderung. Für uns ist er die Wegmarke nach Vallo della Lucania. Da es neben der kurvenreichen Bergstrecke auch noch

Cilentos Küste ist auch im Regen durchaus reizvoll

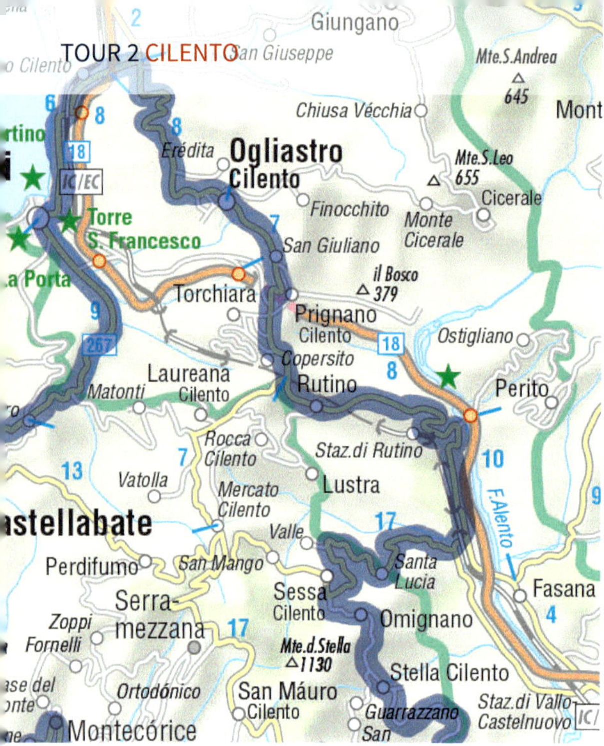

eine parallel liegende, besser ausgebaute Schnellstraße gibt, sind wir auf diesem Teil mal wieder fast alleine unterwegs. Nur kurz vor Vallo della Lucania teilen wir uns die Straße wieder mit dem einen oder anderen Auto. Mit rund 8 500 Einwohnern ist Vallo eines der größten Städtchen des Cilento. Es gilt als wirtschaftliches Zentrum der Region. Hier hat die Nationalpark-Verwaltung ihren Sitz, es gibt eine Kathedrale, einladende Plätze, Restaurants und Bars und jede Menge Läden.

Mittelalterliches Bergdorf

Wenige Kilometer westlich von Vallo folge ich für einen Abstecher den Schildern nach Castelnuovo Cilento. Das urige, mittelalterliche Bergdorf besteht zwar aus nicht mehr als ein paar Häusern, aber auf seinem höchsten Punkt thront die beeindruckendste Burganlage des Cilento. Schon von Weitem ist der mächtige Wehrturm der Burg erkennbar, zu seinen Füßen drängen sich die historischen Gemäuer. Die Honda parken wir direkt am Eingang der Burg und erkunden zu Fuß die verwinkelten Wege und die tollen Aussichtspunkte. Wenn das Wetter mitspielt, kann man von hier bis weit hinaus auf das Meer schauen.

Knapp 30 Kilometer Luftlinie sind es von Castelnuovo zurück bis zu unserem Ausgangsort Agrópoli. Dass daraus in der Praxis fast die doppelte Strecke wird, liegt an den verwinkelten und von Kurven gespickten Bergstraßen, die uns dorthin wieder zurückführen. Aber davon lohnt sich auch jeder Meter. Vom heutigen Kurveninferno erholen wir uns dann später am Abend in den Bars von Agrópoli mit einem vollmundigen Tropfen des guten Weines aus Kampanien, den haben wir uns verdient. ◂

Der Turm von Elea ist ein antikes Monument.

INFOS ZUR TOUR

CHARAKTERISTIK

Während die aussichtsreiche Küstenstraße fast durchgängig gut ausgebaut ist, sind die spannenden Strecken im Hinterland bisweilen sehr unterschiedlich. Zwischen breit, topp und weiten Kurven für schnelle Etappen und verwinkelten, holprigen und engen Bergstrecken ist alles dabei. Der Fahrspaß kommt mit Sicherheit nicht zu kurz. Vorsicht nur auf den bewaldeten Bergstraßen nach Niederschlägen. Dann spült es schon mal Sand, Steine und Laub auf den Asphalt.

PÄSSE DER TOUR

Passstraßen gibt es auf dieser Route nicht.

ÜBERNACHTUNG

Camping Villaggio La Siesta
Via Sirene 1
84059 Marina di Camerota
Ansprechender Campingplatz mit gepflegter Anlage und Mietunterkünften, Restaurant und Pool.
www.villaggiolasiesta.it
GPS 40.002300, 15.356851

Hotel La Colombaia
Via Piano delle Pere 22
84043 Agrópoli
Sehr schönes Hotel mit toller Anlage, Zimmer mit Balkon und Meerblick, Pool mit Blick in die Berge, prima Restaurant mit lokalen Spezialitäten, einfach klasse.
www.lacolombaiahotel.it
GPS 40.329510, 14.995289

KOMBINATIONSMÖGLICHKEITEN

In Richtung Norden lässt sich diese Tour perfekt mit Tour 1 kombinieren, östlich schließt Tour 3 an. Für zusätzliche Kilometer sorgt eine Schleife von Camerota über San Severino und Centola.

Im Zentrum **der Basilikata**

Die unbekannte Provinz Potenza inmitten der Basilikata ist des Motorradfahrers Traumregion. Hier führen einsame und kurvenreiche Bergstraßen durch die Lukanischen Dolomiten und vorbei an urigen, mittelalterlichen Bergdörfern. Die viel zitierte Parabel vom Geheimtipp bringt es hier genau auf den Punkt.

Die Perle Potenzas heißt Pietrapertosa.

TOUREN-STECKBRIEF

BASISORT
Potenza (40.637248, 15.802498)

LÄNGE DER TOUR
ca. 215 km

DAUER DER TOUR
7 Stunden

ROADBOOK
Potenza, Anzi, Laurenzana, Castelmezzano, Pietrapertosa, Accettura, Stigliano, Corleto Perticara, Viggiano, Villa d'Agri, Marsicovetere, Calvello, Abriola, Pignola, Potenza.

HIGHLIGHTS
Von der SS92 geht es kurz hinter Laurenzana links ab auf eine fantastische, namenlose Bergstrecke bis Castelmezzano – ein Traum (40.442790, 16.004478 / Abzweigung nach Castelmezzano).

Die Serpentinen von Marsicovetere vermitteln Rennstreckenfeeling (40.375906, 15.831877 / etwa mittig der Strecke).

Die idyllische Landschaft Potenzas.

POTENZA
Pietragalla
Cancellara
Tolve
Vàglio Basilicata
Tricárico
Grassano
Campomaggiore
Albano di Lucània
Trivigno
Brindisi Montagna
Pignola
Abriola
Calvello
Anzi
Laurenzana
Castelmezzano
Pietrapertosa
Accettura
Parco Regionale di Gallipoli Cognato Piccole Dolomiti Lucane
Stigliano
Gorgoglione
Cirigliano
Corleto Perticara
Guárdia Perticara
Viggiano
Mársico Nuovo
Mársico Vètere
Paterno
Tramútola
Grumento Nova
Montemurro
Armento
Gallícchio
Missanello
Aliano
Sant'Arcángelo
Roccanova
San Martino d'Agri
Sarconi
Moliterno
Spinoso
Montesano sulla Marcellana
Castelsaraceno
San Chírico Raparo
Carbone
Calvera
Teana
Chiaromonte
Fardella
Latrónico
Episcopia
Francavilla in Sinni
Lagonegro
Rivello
San Mauro Forte
Oliveto Lucano
Garaguso
Calciano
Lago di Pietra d. Pertusillo
CAMPANIA
BASILICATA

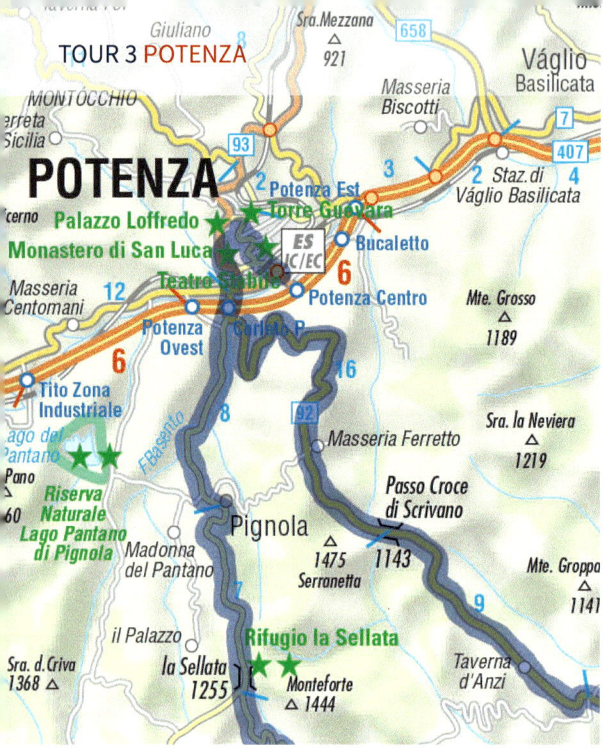

Potenza, die Hauptstadt der Region Basilikata, ist eine beeindruckende Stadt. In 819 Metern Höhe thront sie mit nahezu 70 000 Einwohnern auf einem der südlichen Ausläufer des Apennin hoch über dem Tal des Basento. Damit ist sie nicht nur die höchstgelegene Hauptstadt einer Region in Italien, sie ist auch gleichzeitig Namensgeber der Provinz Potenza. Die quirlige Universitätsstadt liegt im Herzen der Basilikata und damit inmitten einer fantastischen Landschaft, die ganz zu Unrecht unter Motorradfahrern so unbekannt ist.

Erste Kurven und Kehren

Und Potenza ist unser Basislager, von dem wir heute Morgen aufbrechen, um den Süden der gleichnamigen Provinz zu erkunden. Schnell ist der südliche Ausstieg gefunden. Gleich jenseits des Basento steigt die Strada Statale 92 aus dem Flusstal empor und kaum sehen wir die Stadt im Rückspiegel kleiner werden, bekommen wir es schon mit den ersten Kurven und Kehren zu tun.

Wir arbeiten uns zum Passo Croce dello Scrivano empor. Dichter Wald begleitet uns, wie ein Stroboskop blitzt die frühe Sonne zwischen den Bäumen hindurch. Der Asphalt ist stellenweise noch nass vom nächtlichen

Anzi ist ein bildschönes Bergdorf …

Tau. Oben auf dem Pass öffnet sich ein wenig die Landschaft. Gerade so viel, dass man hier schön picknicken könnte. Zahlreiche Wanderwege zweigen von hier oben in die bergige Landschaft ab. Südlich des Passes geht der Kurvenspaß weiter und kaum merklich ein wenig bergab.

Irgendwann wächst linker Hand ein hoher, grauer Felszug in den Himmel. Wir sind bei Anzi. Das kleine und hübsche Bergdorf war schon als Antium von den Römern besiedelt und wer heute durch die urige Altstadt streift, fühlt sich wie ins Mittelalter versetzt. Überragt wird Anzi von seinem astronomischen Komplex. Hoch über dem Dorf blitzt dessen silberne Kuppel in der Sonne und macht uns neugierig.

Mit dem Mopped fahren wir bis hinauf auf den Hügel, die Aussicht von hier oben ist einfach fantastisch. Ursprünglich stand genau an dieser Stelle ein mittelalterlicher Turm, der im Jahr 2008 dieser interessanten Anlage weichen musste. Unter der riesigen Kuppel des Planetariums eröffnet sich dem Besucher der komplette Nachthimmel mit 4500 Sternen. Gleich nebenan wartet das leistungsfähige Observatorium. Obwohl das Teleskop eines der modernsten Italiens ist, steht es vor allem Amateur-Astronomen zur Verfügung.

Historisches Zentrum

Zurück auf der SS 92 nehmen wir Kurs auf Laurenzana, dass wir unzählige Kurven später erreichen. Natürlich lockt auch Laurenzana mit einem bildschönen Centro storico, einem historischen Zentrum. Direkt an der Kirche

... und bietet ein spannendes Planetarium.

Das Castello di Laurenzana war einst ein wehrhaftes Gemäuer.

Vierbeinige Verkehrsteilnehmer sind nicht unüblich.

stellen wir die Honda ab, schlendern ein wenig durch die engen Gassen und klettern bis zur Burgruine hinauf. Die Mühe wird dafür mit einem fantastischen Panorama weit hinaus in die bergige Basilikata belohnt. Und gleich eine zweite wohlverdiente Belohnung gibt es auf dem Rückweg zum Mopped inmitten der Altstadt: einen leckeren und heißen Cappuccino.

Hinein in die Bergwelt

Nicht verpassen darf man auf der SS 92, die immer weiter kernig gen Süden mäandert, die Abzweigung auf die schmale Strecke nach Castelmezzano. Das kleine, blaue Schild, etwa drei bis vier Kilometer hinter Laurenzana ist schnell übersehen. Das wäre schade, denn nun geht es auf engem Asphalt, gerade mal so breit wie ein Auto, durch die Bergwelt. Mitten über den baumlosen Höhenzug führt die Straße und kredenzt tolle Ausblicke.

Linker Hand fällt der Blick hinunter ins Tal auf den azurblau schimmernden Lago di Ponte. Bergauf, bergab, mal links, dann rechtsherum, die Strecke macht richtig Laune, noch dazu, da wir ganz alleine unterwegs sind.

Das Kurvenschild ist schon etwas älter.

So dauert es nicht lange, bis wir schon von weitem Castelmezzano ausmachen. Genau wie sein nur zwei Kilometer entferntes Nachbardorf Pietrapertosa liegt das Bergdorf zu Füßen eines mächtigen Felsriegels. Perfekt schmiegen sich die Häuser dicht gedrängt an den steilen Hang. Schmale Gassen, Treppen und Steigen verbinden die alten Bauten.

Schönste Orte Italiens

Wie auch Pietrapertosa gehört Castelmezzano verdientermaßen zur Vereinigung „I borghi più belli d'Italia", zu den schönsten Orten Italiens. Ein exklusiver Verein, der strenge Zulassungskriterien erlassen hat und dessen Mitgliedschaft quasi ein herausragendes Qualitätssiegel darstellt. Klar, dass

Spaßig und einsam: das ist typisch Potenza!

Kiki und ich uns die Zeit nehmen und uns auch diese beiden bildschönen Bergdörfer etwas genauer ansehen.

„Parco Regionale di Gallipoli Cognato Piccole Dolomiti Lucane" – welch

Schattiger Wald im Naturpark.

ein Name. Seit 1997 gibt es diesen Naturpark rund um die sogenannten Lukanischen Dolomiten. Von Pietrapertosa über das Flusstal des Basento und den kleinen Bergort Accettura bis nach Stigliano führt eine unglaublich kurvenreiche Landstraße mitten hindurch. Die Strecke ist einfach ein Traum.

Kehre für Kehre, Schräglage für Schräglage geht es an den Berghängen des Naturparks in die Höhe und wieder hinunter. Weit über 30 Kilometer purer Spaß. Stigliano, ganz im Süden schon etwas außerhalb des Naturparks gelegen, empfängt uns mit einer gemütlichen Bar. Im Nu zaubert der Wirt

uns ein paar sehr leckere Ciabatta mit Parmaschinken, reichlich Tomaten und Mozzarellla. Das perfekte Mittagessen für unterwegs. Zwei heiße, pechschwarze Espressi machen munter.

AUTOREN-TIPP

CARABINIERI VS. POLIZIA

Polizei ist Polizei? Nein, nicht in Italien. Die Republik im Süden Europas leistet sich gleich zwei völlig unabhängig voneinander agierende Polizeitruppen.

Da wäre einmal die Polizia di Stato. Sie untersteht, wie bei uns, dem Innenministerium und nimmt diverse Aufgaben wahr, wie zum Beispiel die der Verkehrspolizei, der Bahnpolizei, der Grenz- oder Wasserschutzpolizei oder auch der Bergwacht. Erkennbar sind die Beamten der Polizia im Straßenbild an ihren hellblauen Einsatzwagen mit eben dieser Aufschrift. Die knapp 100 000 Beamten der seit 1852 bestehenden Polizia sind hauptsächlich, aber nicht immer, in den Städten des Landes unterwegs. Dies hat historische Gründe. Die Notrufnummer der Polizia ist 113.

Die Carabinieri als zweite große Polizeitruppe gehören zu den italienischen Streitkräften, also dem Militär. Sie bilden eine eigene Teilstreitkraft und unterstehen dem Verteidigungsministerium. Bisweilen erhalten sie aber auch Anweisungen aus dem Innenministerium. Ihre Personalstärke ist etwa um 10 000 Personen größer. Historisch bedingt sind die Carabinieri eher für die ländlichen Regionen Italiens zuständig, die dunklen Autos mit weißem Dach sind mit Carabinieri beschriftet. Ihre Notrufnummer ist 112.

Das System der zwei Einheiten wird in Italien durchweg positiv gesehen. Dies könne, so die allgemeine Meinung, einen Amts- oder Machtmissbrauch einer einzelnen Polizeitruppe verhindern. Zudem treibe der in Italien recht ausgeprägte Konkurrenzgedanke jede einzelne Truppe zu entsprechenden Höchstleistungen.

Wild zirkelt die Strecke durch bergige Wälder

Ein kurzes Stück fahren wir auf der SS 103 wieder zurück und folgen ihr dann über Gorgoglione in westlicher Richtung. Auch hier gibt es nur äußerst wenige gerade Kilometer. Wild zirkelt die Strecke durch die bergigen Wälder vorbei an den weit über 1000 Meter hohen Gipfeln südlich des Naturparks.

Über Corleto Perticara geht es teilweise über spannende Serpentinen in das kleine Örtchen Viggiano. Hier rund um Viggiano und in der Region zwischen dem Flusstal des Agri und Corleto Perticara wird seit geraumer Zeit recht erfolgreich Öl gefördert. Nicht zuletzt die riesige, futuristisch wirkende Baustelle der neuen Raffinerie in der Nähe von Corleto Perticara zeugt von den großen Mengen, die hier aus dem Boden der Basilikata geholt werden.

Másicovétere, in 1037 Metern Höhe gelegen, glänzt mit nicht weniger als 14 kernigen Serpentinen. Die schei-

Bei Anzi geht es hoch in die Berge.

nen ganz offenbar nicht nur sportliche Moppedfahrer anzulocken, sondern auch Uniformträger.

In einer der letzten Kehren, schon fast am Ort vorbei, werde ich von zwei Carabinieri von der Straße gewunken. Ein kurzer Blick in die Papiere und in den Führerschein, erst dann scheint dem guten Mann aufzugehen, dass wir wohl keine seiner Locals sind, die er regelmäßig verfolgt, sondern harmlose Touristen. Sein zuerst finsteres Ge-

Genussvolle Pause mit traumhaftem Panorama.

Schöner wohnen in Calvello.

sicht hellt sich auf und mit freundlichen englischen Worten fragt er nach dem woher und wohin. Mithilfe der Straßenkarte fachsimpeln wir noch ein bisschen über die schönen Motorradstrecken in der Provinz. Wir scheinen alles richtig gemacht zu haben, sein Urteil über die von uns gewählte Strecke ist deutlich positiv. Mit großzügiger Geste werden wir entlassen und dürfen von dannen fahren.

Ausblick vom Felsen

Nur wenige Kilometer weiter lockt uns die kleine Kapelle Madonna di Monte Saraceno vom Asphalt. Neugierig wie wir sind, parken wir die Honda gleich unterhalb des Felsens, auf dem die Kapelle steht und steigen die letzten Treppenstufen hinauf. Zwar ist die Kapelle verschlossen, der Ausblick vom Felsen macht das jedoch wieder wett. Gerade als wir wieder auf die Strada Provinciale abbiegen wollen, rauschen die beiden Polizisten mit ihrem Alfa an uns vorbei. Wie alte Bekannte werden wir lässig gegrüßt.

Zu Füßen des mächtigen 1836 Meter hohen Monte Volturino liegen, so sagt man rund um Calvello, die besten

Gut beschildert ist halb orientiert.

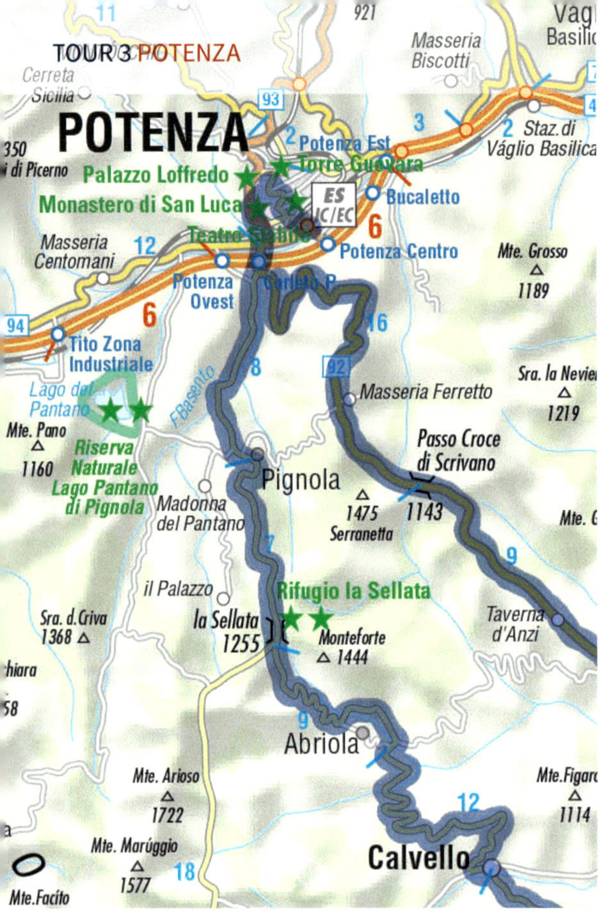

Grünflächen und Weiden der ganzen Basilikata. Nirgendwo sonst in Italien finden sich so viele Tiere der alten Rinderrasse Podolica wie hier. Mit ihren langen Hörnern und einem Gewicht von bis zu 700 Kilogramm sind die grauen Kühe gut erkennbar. Und ganz offensichtlich recht friedlich. Das von mir angebotene Grasbüschel nimmt eine der Kühe recht gerne an.

Noch einmal steigert sich die Straße in ein echtes Kurvenparadies, dessen Höhepunkt sich am 1255 Meter hohen Pass la Sellata etwas nördlich von Abriola findet. Oben auf der Passhöhe wartet das Hotel Sellata auf durchreisende Touristen. Wir sind heute nicht die Einzigen, die sich hier, gut zehn Kilometer vor Potenza, zum Ende der Tour noch einen Kaffee gönnen und ausgiebig von dieser abwechslungsreichen Runde schwärmen. ◂

Podolica ist eine alte Rinderrasse der Basilikata.

INFOS ZUR TOUR

CHARAKTERISTIK

Auf dieser genialen Runde gibt es nichts, was es nicht gibt. Schnelle, sanft gewundene Landstraßen mit besten Asphalt, verschnörkelte, wuselige Bergstrecken mit löcherigem Asphalt und Panoramastraßen mit ganz engem Asphalt. Kurz gesagt, alles, was das Herz begehrt. Man sollte stets die Straße im Auge behalten. Bisweilen gibt es in dieser Region kernige Verwerfungen in der Oberfläche, meistens weisen Schilder darauf hin. Vorsicht! Selten sind uns so viele Tiere auf der Straße begegnet wie in der Provinz Potenza: Mit im Halbschatten dösenden Schafen, scheinbar orientierungslosen Kühen und durch die Wälder streunenden Hunden muss man hier immer und überall rechnen.

PÄSSE DER TOUR

Der Passo Croce dello Scrivano führt in 1143 Metern Höhe von Potenza in die Berge, parallel geht es über den 1255 Meter hohen Pass la Sellata zurück.

ÜBERNACHTUNG

Hotel Sellata
Passo della Sellata, 85010 Abriola
Nettes Hotel direkt auf der Passhöhe in schöner Lage, nett und gemütlich, mit Bar und Restaurant, freundliches Team, zum Wohlfühlen.
www.hotelsellata.it
GPS 40.530963, 15.789767

Albergo Ristorante La Primula
Via delle Primule 84, 85100 Potenza
Sehr schönes Hotel mit Pool und Parkanlage, klasse Restaurant und gutes Frühstück, netter Empfang, zentrale, aber ruhige Lage.
www.albergolaprimula.it
GPS 40.632132, 15.834577

KOMBINATIONSMÖGLICHKEITEN

Diese klasse Runde lässt sich gut mit den Touren 2 und 4 kombinieren. Noch ein paar Kilometer mehr? Dann auf zu einem kurvenreichen Abstecher nach Craco östlich von Stigliano.

Kurven, Kehren **und Kultur**

Start und Ziel dieser herrlichen Rundreise durch die Provinz Matera ist das gleichnamige Städtchen. Die Kulturhauptstadt Europas 2019 begeistert Motorradreisende ebenso wie die liebliche Landschaft der Basilikata, durch die unzählige Kilometer traumhafter Motorradstrecken führen.

Matera ist faszinierend und uralt.

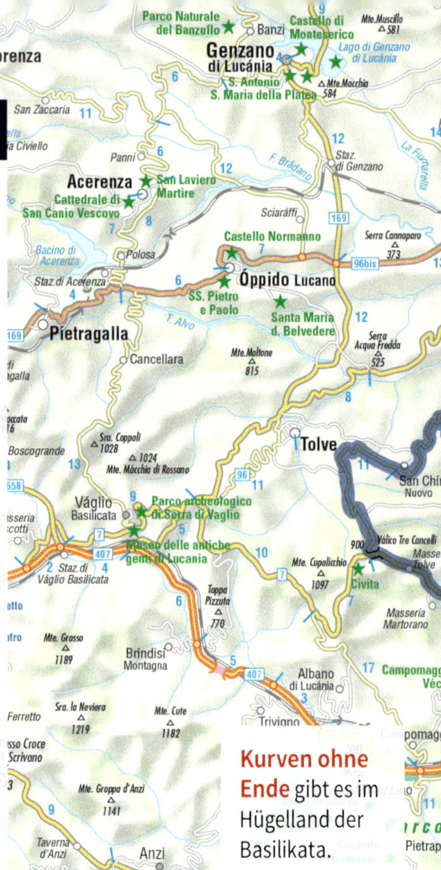

TOUREN-STECKBRIEF

BASISORT
Matera (40.670386, 16.605922)

LÄNGE DER TOUR
ca. 210 km

DAUER DER TOUR
6 Stunden

ROADBOOK
Matera, Montescaglioso, Lago di San Giuliano, Migliónico, Gróttole, Grassano, Tricárico, Valico Tre Cancelli, San Chírico Nuovo, Corona, Irsina, Gravina in Púglia, Matera.

HIGHLIGHTS
Mächtig Spaß bringt die kurvenreiche Strecke zwischen Grassano und Irsina (40.678461, 16.273655 / etwa mittig).

Rund um den Lago di San Giuliano führt eine tolle, aussichtsreiche Strecke (40.625063, 16.485918 / Aussichtspunkt am Nordufer).

Kurven ohne Ende gibt es im Hügelland der Basilikata.

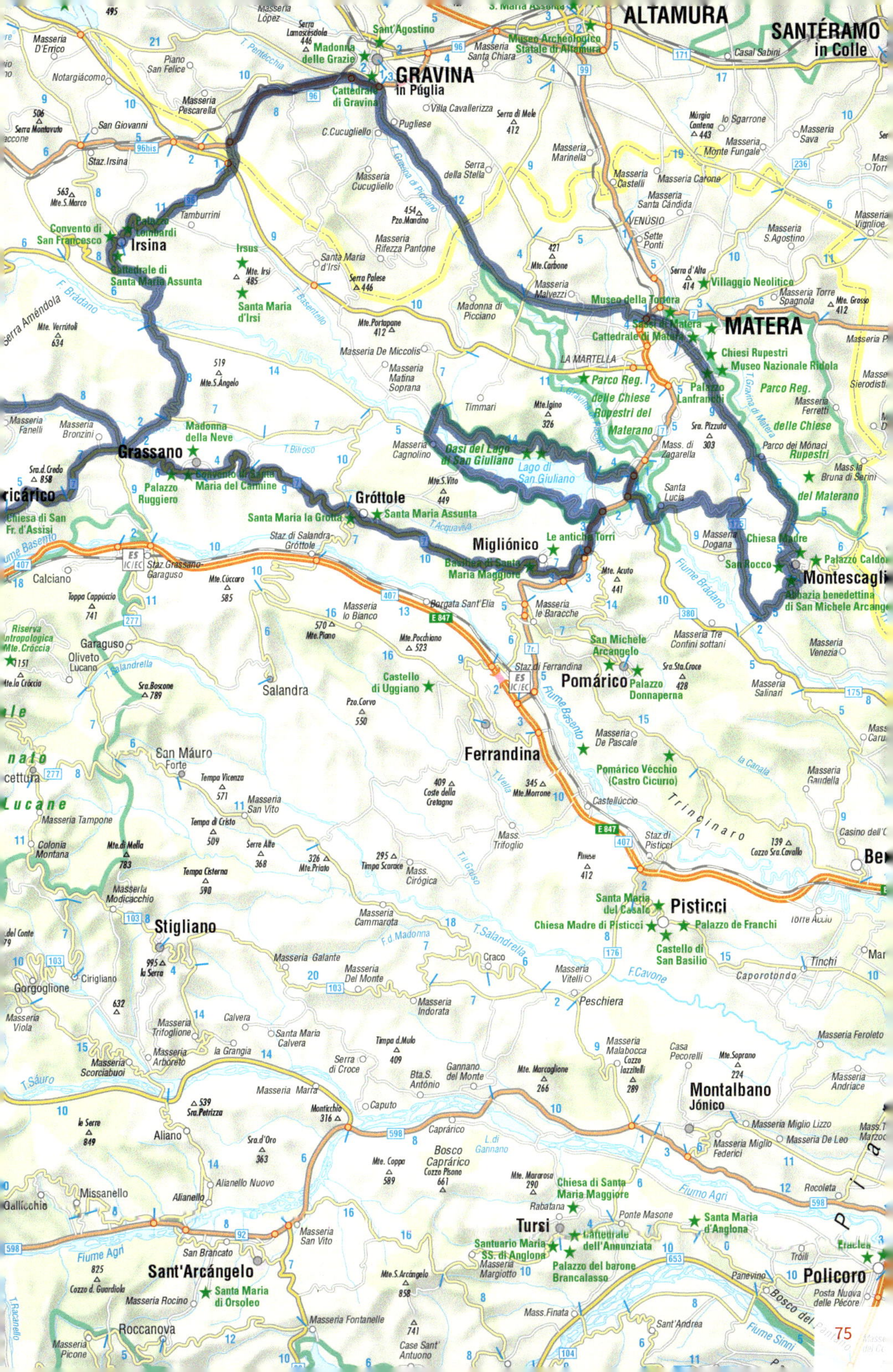
ALTAMURA
SANTÉRAMO in Colle
GRAVINA in Púglia
Madonna delle Grazie
Sant'Agostino
Cattedrale di Gravina
Museo Archeologico Statale di Altamura
Masseria D'Errico
Notargiácomo
Piano San Felice
Masseria Pescarella
San Giovanni
Serra Montavuto
Staz. Irsina
Mte.S.Marco
Tamburrini
Convento di San Francesco
Palazzo Lombardi
Irsina
Cattedrale di Santa Maria Assunta
Irsus
Mte. Irsi
Santa Maria d'Irsi
Santa Maria d'Irsi
Serra Palese
C.Cucugliello
Pugliese
Villa Cavallerizza
Serra di Mele
Masseria Cucugliello
Serra della Stella
Pzo.Mandno
Masseria Rifezza Pantone
Masseria Marinella
Masseria Castelli
Masseria Carone
Masseria Santa Càndida
VENÙSIO
Sette Ponti
Mte.Carbone
Masseria Malvezzi
Madonna di Picciano
Mte.Portapane
Masseria De Miccolis
Masseria Matina Soprana
Mte. Verrùtoli
Mte.S.Angelo
Múrgia Contena
lo Sgarrone
Masseria Monte Fungale
Masseria Sava
Masseria S.Agostino
Serra d'Alta
Villaggio Neolitico
Masseria Torre Spagnola
Mte. Grosso
Casal Sabini
Masseria Vignione
Museo della Tortora
Sassi di Matera
Cattedrale di Matera
MATERA
Chiese Rupestri
Museo Nazionale Ridola
LA MARTELLA
Parco Reg. delle Chiese Rupestri del Materano
Palazzo Lanfranchi
Sra. Pizzuta
Mass. di Zagarella
Parco dei Mónaci
Mass.la Bruna di Serini
Masseria Ferretti
Masseria Sierodistil
Timmari
Mte.Igino
Masseria Cagnolino
Oasi del Lago di San Giuliano
Lago di San Giuliano
Santa Lucia
Masseria Dogana
Chiesa Madre
San Rocco
Palazzo Caldo
Montescagli
Abbazia benedettina di San Michele Arcang
Masseria Fanelli
Masseria Bronzini
Madonna della Neve
Grassano
Sra.d.Credo
Convento di Santa Maria del Carmine
Palazzo Ruggiero
Grottole
Santa Maria la Grotta
Santa Maria Assunta
Mte.S.Vito
Migliónico
Le antiche Torri
Basilica di Santa Maria Maggiore
T.Acquaviva
T.Bilioso
Chiesa di San Fr. d'Assisi
Calciano
Staz.Grassano-Garaguso
Staz.di Salandra-Gróttole
Mte.Cúccaro
Toppa Cappúccio
Riserva Antropologica Mte.Cróccia
Garaguso
Oliveto Lucano
Masseria lo Bianco
Mte.Piano
Borgata Sant'Elia
Mte.Pocchiano
Castello di Uggiano
Salandra
Sra.Boscone
Pzo.Corvo
Masseria le Baracche
Mte. Acuto
Staz.di Ferrandina
San Michele Arcangelo
Pomárico
Palazzo Donnaperna
Sra.Sta.Croce
Masseria Tre Confini sottani
Masseria Salinari
Masseria Venezia
Fiume Bradano
Fiume Basento
Ferrandina
Masseria De Pascale
Pomárico Vécchio (Castro Cicurio)
Castellúccio
Mte.Morrone
Coste della Cretagna
Trincinaro
Masseria Gaudella
Casino dell'C
San Máuro Forte
Tempa Vicenza
Masseria San Vito
Masseria Tampone
Tempa di Cristo
Colonia Montana
Mte.di Mella
Serre Alte
Mte.Priato
Timpa Scarace
Mass. Cirógica
Mass. Trifoglio
Staz.di Pisticci
Cozzo Sra.Cavallo
Tempa Cisterna
Masseria Modicacchio
Stigliano
la Serra
Masseria Cammarota
F.d.Madonna
T.Salandrella
Santa Maria del Casale
Pisticci
Chiesa Madre di Pisticci
Palazzo de Franchi
Castello di San Basilio
Torre Accio
Tinchi
Caporotondo
Cirigliano
Gorgoglione
Masseria Galante
Masseria Del Monte
Craco
Masseria Vitelli
Peschiera
F.Cavone
Masseria Viola
Masseria Indorata
Calvera
Masseria Trifoglione
Santa Maria Calvera
Masseria Arboreto
la Grangia
Masseria Scorciabuoi
Timpa d.Mulo
Serra di Croce
Bta.S. Antonio
Gannano del Monte
Mte. Marcaglione
Masseria Malabocca
Cozzo Iazzitelli
Casa Pecorelli
Mte.Soprano
Masseria Feroleto
Masseria Andriace
Montalbano Jónico
T.Sáuro
Sra.Petrizza
Masseria Marra
Montichio
Caputo
le Serre
Aliano
Sra.d'Oro
Caprárico
Bosco Caprárico
L.di Gannano
Masseria Miglio Lizzo
Masseria Miglio Federici
Masseria De Leo
Alianello Nuovo
Mte. Coppa
Cozzo Pisono
Mte. Mororosa
Chiesa di Santa Maria Maggiore
Fiume Agri
Rocoleta
Missanello
Gallicchio
Alianello
Rabatana
Ponte Masone
Santa Maria d'Anglona
Tursi
Cattedrale dell'Annunziata
Santuario Maria SS. di Anglona
Masseria Margiotto
Palazzo del barone Brancalasso
Masseria San Vito
San Brancato
Fiume Agri
Sant'Arcángelo
Cozzo d. Guardiola
Santa Maria di Orsoleo
Masseria Rocino
Mte.S.Arcángelo
Trólli
Panevino
Policoro
Posta Nuova delle Pécore
Bosco del Pantano
Mass.Finata
Sant'Andrea
Fiume Sinni
Roccanova
Masseria Fontanelle
Case Sant' Antuono
Masseria Picone
T.Racanello
Eraclea

Matera – welch eine Stadt! Ein eigenes, dickes Buch ließe sich füllen mit der Geschichte und all den Geschichten über diese einmalige, lukanische Stadt inmitten der Basilikata, deren Felsenkirchen und Höhlenwohnungen schon 1993 in die World Heritage List der UNESCO aufgenommen wurden. Tage ließen sich hier zubringen, immer neue Eindrücke gewinnen und Überraschungen entdecken. Aber auch die gleichnamige Provinz, die spannende Region rund um die Provinzhauptstadt, hat ihre Reize und lockt nicht nur mit abwechslungsreichen und herausragenden Moppedstrecken.

Matera ist Welterbe der UNESCO.

Keine 40 Kilometer Luftlinie liegt Matera entfernt von der Küste des Ionischen Meeres, vom Golf von Táranto. Und schnurstracks in diese südliche Richtung führt uns der Weg für heute hinaus aus dieser unglaublichen Stadt und hinein in die abwechslungsreiche Landschaft der Basilikata. Auf der Strada Provinciale 3 folgen wir dem Fluss Gravina di Matera, dem Matera letztlich seine einzigartige Topografie zu verdanken hat.

Kaum haben wir die Stadtgrenze hinter uns gelassen, wird es einsam um uns herum. Sanft schwingt sich der Asphalt durch das hügelig gewellte Land. Uralte, knorrige Olivenbäume stehen direkt am Straßenrand Spalier, bis zum Horizont reichen die Getreidefelder, Äcker und Wiesen. Nur vereinzelt liegt hier und da mal ein kleiner Hof oder ein Weiler.

Bildschönes Bergdorf

Kurz vor Montescaglioso ändert sich das Bild deutlich. Erst sind es nur ein paar Kurven, dann überrascht uns die erste knackige Kehre und mit eine paar weiteren spaßigen Serpentinen geht es hinauf auf die Kuppe, auf der die weiße Stadt weithin gut sichtbar thront. Mit seiner historischen Altstadt, der mächtigen Benediktinerabtei, den einladenden Plätzen und Gassen schlägt das bildschöne Bergdorf das ganze Jahr über zahlreiche Besucher in seinen Bann. Wir versorgen uns in einem der kleinen Lebensmittelläden

BACCUS

Eine der ältesten Städte der Welt: Matera.

Kurven gibt es mit …

… und ohne Ankündigung.

für unser Picknick. Frisches Brot und etwas Käse aus der regionalen Landwirtschaft, natürlich dürfen auch ein paar leckere Tomaten nicht fehlen. Auf den angebotenen Wein aus der Region müssen wir leider vorerst verzichten, das wäre keine gute Idee unterwegs.

In südlicher Richtung entlässt uns Montescaglioso in das Tal des Brádano und von hier wäre es fast nur noch ein Katzensprung bis zur Küste. Wir wollen auch ans Wasser. Bei uns steht aber nicht das Meer auf der Liste, sondern der Lago di San Giuliano.

Kurvenreiche Landstraße

Eingebettet zwischen kleinen, dichten Wäldern und einigen wenigen offenen Strandabschnitten glitzert dessen Wasser türkis in der Sonne. Leider ist es für unser Picknick noch zu früh und so lassen wir das eine oder andere gemütliche Plätzchen links liegen und folgen der kurvenreichen und schmalen Landstraße nördlich des Sees. Eine Strecke, die Kiki und mich richtig begeistert. Auch hier dominieren weite, offene Landstriche mit den für die Basilikata so typischen hügeligen Fel-

dern, den kleinen, überschaubaren Weinlagen und den oft schon so alten Olivenhainen.

Der warme Fahrtwind trägt den würzigen Duft der Macchia in den Helm. Nur wenige Minuten später führt der Asphalt über eine hohe Kuppe und gibt den Blick über die ganze umliegende Region frei. Uns zu Füßen liegt unter dem blauen Himmel der riesige Stausee: ein toller Ausblick. Über Masseria Cagnolino um-

Fifty shades of green sind auch zu erleben.

runden wir den Lago und landen auf der Strada Statale 7. Der auch als Via Appia bekannte Verlauf der Staatsstraße existiert bereits seit dem Jahr 312 vor Christus. Der römische Konsul Appius Claudius Caecus ließ die rund 550 Kilometer lange Verbindung zwischen Rom und Brindisi bauen – und schuf damit eine der wichtigsten Handelsstraßen des Römischen Reichs.

Schöne, schattige Allee bei Grassano.

Für uns bedeuten die nun folgenden rund 60 Kilometer auf der Via Appia jede Menge Fahrspaß. Zügig geht es mit einem bunten Mix von Schräglagen und entspannten Cruising-Etappen durchs Land.

Mysteriöse Ausschilderung

Wir passieren Grassano und Tricárico, biegen bei Valico Tre Cancelli in nördlicher Richtung auf die SP 38 ab und finden uns hier inmitten dichter Wälder wieder. Mit einem großen Bogen über San Chirico Nuovo und Corona steuern wir erneut auf Grassano zu, um schließlich kurz vor dem Ort auf die spannende SP 209 abzubiegen. Wieder eine Straße ganz nach unserem Geschmack. Kurve für Kurve düsen wir durch die Landschaft, sind auch hier wieder fast alleine unterwegs und genießen die herrlichen Aus-

AUTOREN-TIPP

MATERA

Als Kiki und ich zum ersten Mal Matera besuchten, haben wir uns sofort in diese ungewöhnliche Stadt verliebt. Uns stand im wahrsten Sinne des Wortes der Mund offen, als wir den ersten Blick auf die Altstadt an der Schlucht des Flüsschens Gravina di Matera warfen.

Angeblich ist Matera eine der weltweit ältesten Städte. Schon seit der Steinzeit leben hier Menschen. Seit Hunderten von Jahren grub man Wohnstätten in den weichen Kalkstein der Schlucht, die sogenannten Sassi, und baute diese immer weiter aus. Bis zu 15 000 Menschen lebten hier bis in die 1950er Jahre ohne Strom und ohne fließendes Wasser. Als schließlich 1948 die Malaria ausbrach, reagierte die Regierung, nannte es eine „nationale Schande“, dass Tausende Menschen noch in Höhlen leben und siedelte die Bewohner in neue Wohnblocks um.

Im Jahr 1993 erklärte die UNESCO die Sassi zum Weltkulturerbe. Bis heute wurde eine sehr große Zahl der Sassis restauriert. Sie dienen heute als gemütliche Wohnungen, einladende Restaurants oder interessante Hotels und haben regen Zulauf. Auch die freskengeschmückten, urigen Höhlenkirchen, die Chiese Rupestri aus dem 8. bis 13. Jahrhundert lassen staunen.

Extrem reizvoll ist aber auch die Neustadt von Matera. Rund um die zentrale Piazza Vittorio Veneto pulst das Leben. Hübsche Palazzi, sehenswerte Gassen und interessante Bars und Restaurants laden zum Bummeln und Relaxen, die Kathedrale zur stillen Besinnung.

Viele Infos vor Ort hält die Tourist Info auf der Piazza Vittorio Veneto 39 bereit, ebenfalls sehr informativ ist die auch englischsprachige Internetseite **www.sassiweb.it**.

blicke. Die Ausschilderung der Kurven auf den Straßen der Basilikata wird wohl für Kiki und mich immer und ewig ein Mysterium bleiben.

Nach einigen kernigen Kurven kommt ein Schild, das vor einer Kurve warnt. Diese geht dann relativ entspannt ums Eck und wenn sich die nächsten richtigen Schräglagen ankündigen, ist von einem Schild nichts zu sehen. Nicht viel anders ist es auch beim Zustand des Asphalts. Bisweilen gibt es auf den Straßen Süditaliens ganz ordentliche Verwerfungen. Meis-

Irsina thront über der Provinz Matera.

Motorisiertes Sightseeing in Irsina (oben und unten).

tens warnen Schilder davor, aber eben nicht immer. Gerade als motorisierter Zweiradfahrer tut man gut daran, seine eigene Sicht auf die Straße zu haben und sich nicht zu sehr auf irgendwelche Verkehrsschilder zu verlassen. Übrigens, manchmal ersetzen ausgeschilderte Geschwindigkeitsbegrenzungen auch einfach die nötigen Straßeninstandsetzungen. Klar – drei, vier Verkehrsschilder sind schon deutlich preiswerter als 50 laufende Meter Asphaltdecke.

Durch ein kleines Stadttor

Je näher wir Irsina kommen, umso dunkler wird es. Eine dicke, schwarze Wolkenfront macht sich auf dem

eben noch so blauen Himmel breit. Kurz überlegen wir, in die andere Richtung Reißaus zu nehmen, halten dann aber doch den Kurs bei. Und kaum haben wir das kleine, schmale Stadttor der historischen Altstadt Irsinas passiert, klatschen die ersten Tropfen aufs Visier. Glück muss man haben, gleich hinter dem Tor auf der Piazza Giuseppe Garbaldi scheint das nette Caffè Ducale nur auf uns zu warten.

Wir flüchten in die Bar und der freundliche Wirt versorgt uns gleich mit Cappuccino und köstlichem hausgemachten Kuchen, während draußen ein ordentliches Sommergewitter herunter kommt. Eine halbe Stunde später ist von dem Spuk nichts mehr zu

Kurzer Sommerregen mit dramatischem Himmel.

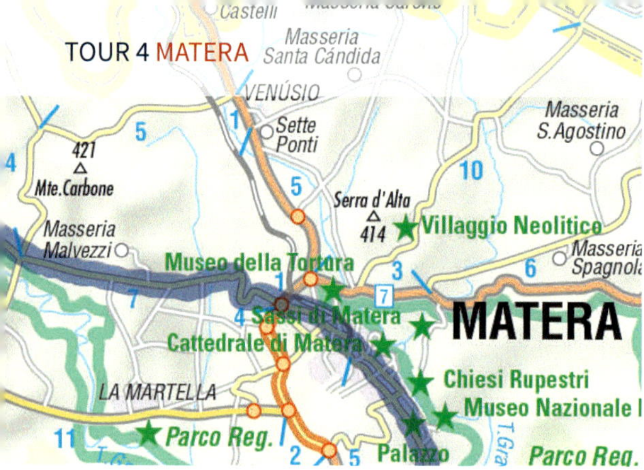

sehen. Auf dem warmen Asphalt verdunsten ruckzuck auch die letzten Tropfen. Noch ein bisschen Small Talk mit dem Chef des Hauses, noch ein Foto vom tollen Aussichtspunkt direkt an der Bar, dann sitzen wir schon wieder auf der Honda und rollen durch die Gassen der schönen Altstadt Irsinas.

Unsichtbare Grenze

Nordöstlich von Irsina, nur sechs Kilometer entfernt, liegt die nahezu unsichtbare Grenze von der Basilikata hinüber nach Apulien. Nur ein dezentes Schild weist darauf hin, dass wir hier die Region wechseln. Ein paar Minuten später rollen wir nach Gravina in Púglia hinein. Gravina ist der Sitz des riesigen Parco Nazionale dell'Alta Murgia, gleich nördlich gelegen, und ein Paradies für Naturfreunde, Wanderer und Mountainbiker. Außerdem glänzt Gravina mit einer interessanten Altstadt und historischen Bauten.

Für Kiki und mich ist das schöne Städtchen die letzte Station auf dieser Runde durch die Provinz Matera und den kurzen Abstecher nach Apulien. Auf den letzten 20 entspannten Kilometern zurück nach Materna lassen wir uns aber noch einmal ordentlich Fahrtwind ins Gesicht wehen. Morgen werden wir einen mehr oder weniger motorradfreien Tag einlegen, denn Materna wartet schließlich auf unseren Besuch. ◂

Matera: Einmal sollte man es gesehen haben.

INFOS ZUR TOUR

CHARAKTERISTIK

Von der perfekt ausgebauten, kurvenreichen und griffigen Landstraße bis zur geflickten, einspurigen Strecke im Niemandsland – hier ist wirklich alles vertreten, was Spaß macht. Unbedingt mal durch die Gassen der kleinen Bergdörfer rollen. Wir empfehlen dafür Irsina. Und bitte immer vor Überraschungen auf dem Asphalt gefeit sein, die Schilder stimmen nicht immer.

PÄSSE DER TOUR

Der 900 Meter hohe namenlose Pass bei Valico Tre Cancelli ist der südwestlichste Punkt der Runde.

ÜBERNACHTUNG

B&B Netta Rooms

Via Rocco Scotellaro 5, 75100 Matera
Mehrere moderne und nette Zimmer in perfekter, zentraler Lage in Materas Altstadt, sehr freundliches Team.
www.booking.com/hotel/it/netta-bed-amp-breakfast.de.html
GPS 40.665024, 16.607917

Masseria Torre Spagnola

Contrada Torre Spagnola, 75100 Matera
Agriturismo in historischem Gebäude außerhalb von Matera, schöne Zimmer, nette Bar und gutes Frühstück, sehr freundliche Gastgeber.
www.torrespagnola.it
GPS 40.688881, 16.671834

Übernachten im Sassi

In der Tourist-Information von Matera gibt es aktuelle Tipps und Hinweise, wo und in welchen Höhlenwohnungen aktuell Übernachtungen angeboten werden. Eine Nacht im Sassi ist ein sehr interessantes Erlebnis, einige Höhlenwohnungen sind mit viel Aufwand und Liebe zum Detail komfortabel renoviert und eingerichtet worden
GPS 40.666590, 16.606667

KOMBINATIONSMÖGLICHKEITEN

An diese Runde schließt im Südosten direkt die Tour 7 und südwestlich die Tour 3 an.

Am Sporn
des Stiefels

Über bildschöne Küstenstraßen geht es einmal um des Stiefels Sporn – den Gargano – herum und quer über den zentralen Bergrücken wieder zurück. Grandiose und spannende Bergstrecken wechseln sich mit eindrucksvollen Panoramastraßen ab. Eine der schönsten Ecken Apuliens wartet hier auf erlebnishungrige Motorradreisende.

Tolle Bergstrecken locken bei Rignano Garganico.

TOUREN-STECKBRIEF

BASISORT

Manfredonia (41.625854, 15.911723)

LÄNGE DER TOUR

ca. 240 km

DAUER DER TOUR

7 Stunden

ROADBOOK

Manfredónia, Mattinata, Pugnochiuso, Vieste, Péschici, Bellariva, Vico del Gargano, Monte Sant'Ángelo, San Giovanni Rotondo, San Marco in Lámis, Rignano Garganico, San Giovanni Rotondo, Manfredónia.

HIGHLIGHTS

Die Küstenstraße zwischen Vieste und Péschici protzt nicht nur mit knackigen Kurven sondern auch mit herrlichen Panoramen (41.926209, 16.109290 / etwa mittig).

Die dichten Wälder des Foresta Umbra verschaffen eine ganz besonderes Atmosphäre (41.816795, 15.992131 / Naturmuseum und Infobüro).

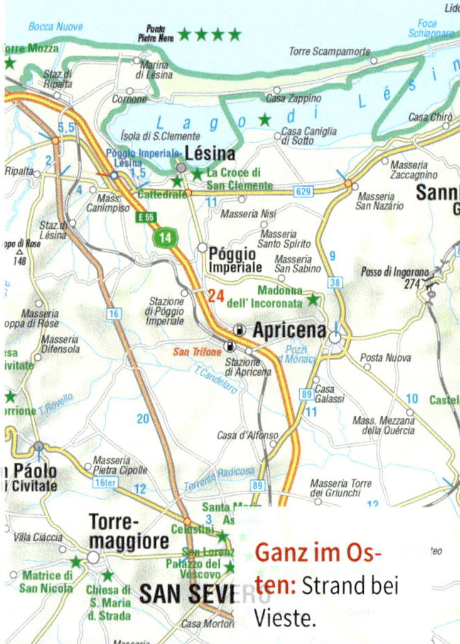

Ganz im Osten: Strand bei Vieste.

Manacore del Gargano
Péschici
Torre di Calalunga
Manacore
Bàia San Nicola
Ìsola la Chianca
Torre di Porticello
Il Castello
Grotte San Nicola
Merinum
Spiaggia Scialmarino
Punta Lunga
San Lorenzo
Santuario di Santa Maria di Merino
Villaggio Turistico
Grotta dell'Acqua
Casa Celle
Cattedrale
Vieste
San Menàio
Valazzo
Rodi Gargánico
Stella del Sud
Foce di Varano
Lido del Sole
Ripa
Ischitella
Chiesa Matrice
Cappuccini
Vico del Gargano
Carmine
Fucito
Palazzo Della Bella
Capoiale
l'ìsola
Muschiaturo
Mass.Montanari
Casa Valente
Casa di Ventrella
Mte. Grande 508
Mte. la Tribuna
Monte d'Elio 260
Lago di Varano
Casa Forquet
San Nicola Verano
le Taverne
Casa de Perna
Carpino
Il Parchetto
Monte Calena 467
Mte.Iacovizzo 680
Mte. Giovannicchio 777
Mte.Nicola 490
Monte Chiancollo 403
Casa Mafrollo
Spiaggia di Pizzomunno
Lido di Poronuovo
Centro turistico Gattarella
Testa del Gargano
Bàia di Campi
Cala Sanguinara
Portogreco
Grotta dei Marmi
Pugnochiuso
Cala d.Pergola
Grotta di Sogni
Bàia dei Gabbiani
Torre del Segnale
Grotta Smeralda
Bàia d.Zàgare
Acqua d.Rose
Casa Vocino
Monte lo Sfrizzo 641
Bagno
Convento di Cagnano Varano
Palazzo Baronale
Monte di Mezzo 410
Foresta Umbra
Casa Forestale
Cant. d'Umbra
Torre Palermo
Casa Cupari
Monte Salvatore 385
Pietra Appesa 685
Pzo. Nido di Corvo 589
Masseria D'Addetta
Cagnano Varano
Santa Maria della Pietà
Grotta di San Michele Arcangelo
Mte. Vernone
Masseria Azzarone
Monte Iacotenente 832
Valico d.Lupo
Mte.Barone 354
Coppo Ferrato 914
Coppa l'Uccellastra 727
Parco Nazionale del Gargano
Promontório del Gargano
Casa Rignanese
Monte Spigno 1009
Casa Impiombato
Masseria Armillotti
Mte.Sacro 874
Monte la Serra 785
Coppa di Mezzo 905
Masseria Paolino
Coppa Guardiola 642
Monte Sant'Angelo
Mattinata
Porto di Mattinata
Grotta di Montenero
Monte Calvo 1055
San Marco in Lámis
SAN GIOVANNI Rotondo
Convento di San Matteo
Castel Pagano
I Cappuccini
Chiesa di San Pio
Chiesa di Sant'Egidio
Palazzo Lèccia
Alveo d.L.S.Egidio
Posta Padovano
Casa Campolato
Mass.Cornello
Monte d.Angeli 886
Basilico di San Michele
Cast. di Monte Sant'Angelo
Santa Maria Maggiore
Monte Acuto 539
Palazzo Mon'Luano
Grottone
Punta Rossa
Village degli Ulivi
Grava di Campolato
Ruggiano
Tomaiuolo
San Salvatore
Santa Maria di Pulsano
il Castello
Villàggio d'Arcangelo
Masseria Torre Varcaro
Bàia del Monaco
Mass.Valente
Casa Surdo
Casa la Torre
Monte Ividori 512
Mass. Palancane
Grotta Paglicci
le Grotte
Mass. Del Bono
Posta Mte. Granata
Masseria Polveràcchio
Mass. Don Gennaro
Castello di Manfredonia nell'alba
MANFREDÓNIA
Golfo di Manfredónia
Lido di Siponto
Santa Maria M. di Siponto
Masseria Pariti
Masseria Russo
Mass.le Mosce di Bramante
Masseria Caso
Masseria Mercaldi Nuovo
Masseria Resecata
Masseria Santo Spirito
San Leonardo di Siponto
Mass. Polluce
Masseria San Chirico
Masseria Càstore
Torrente Celone
Mass.Candelaro
Villàggio Residenziale
Sciale Borgia
Vasche di Colmata
la Chiancata
Villàggio Améndola
Torrente Candelaro
Staz.di Candelaro
Vigna Bàlsamo
Scalo dei Saraceni
Masseria Santa Tecchia
Améndola
ARPINOVA
Canale Farano
Ippocampo
Azienda Beccarini
Apri
Masseria Pedone
Posta Demani
Posta Berardi
Lido di Rivoli
Onoranza
Mass. Pedone
Mass. Palata
Masseria Ìsola degli Olivi
Zapponeta
Masseria Castiglione
Masseria Cutino
TAVÈRNOLA
Canale Cervaro Nuovo
Mass. Sipari
Sette Poste
Foce Aloisa
Mass. Ricciardi
Dàunia
Macchia Rotonda
Masseria Conga Agnelli
Borgo Fonterosa
Mass. Inacquata
Torre Pietra
Foce Carmosina
Masseria Tamaricciola
Mass. Caira
Riserva Naturale Salina di Margherita di Savóia
Fandetta
Staz. Incoronata
Borgo Mezzanone
la Scrófola
Masseria Angeloni
TRESSANTI
Masseria la Risáia
Ris. Nat. il Monte
Montaltino
Salápia
Saline
Margherita di S
Masseria Torretta
la Pèscia
la Luparella
Lupara
Masseria Trionfo
Masseria Mangione
Trinitápoli
Casa Di Pace
Cervaro
INCORONATA
Santuário dell'Incoronata
Masseria Posta Nuova
Masseria Cafiero
Posta Uccello
Masseria Don Antònio
San Giuseppe
Sant'Anna
Staz.di Margherita di Savóia-Ofantino
Masseria il Trionfo
Masseria Tramezzo
Masseria Posta dei Preti
Masseria Mavellia
la Pila
Carapelle
Santa Maria dei Manzi
Casa Ciarleta
Masseria Càndida
Masseria Picocca
le Quattro Masserie
Masseria Finòcchio
Masseria Giardino
Staz.di Orta Nova
le Saline
Masseria Pozzo Colmo
Masseria l'Oliva
Orta Nova
Masseria la Quèrcia
Passo d'Orta
Sàlice
San Michele delle Vigne
Cerignola Est
Masseria la Màcchia
Masseria De Biase
Torre dell'Orologio
Casa Pepe
Masseria Paolillo
Torre Giulia
Staz.di Cerignola
Tenuta il
Casa Colapatella
San Ferdinando

Vieste lockt mit urigen Gassen (rechts) …

Würde ich einen schönen Platz zum Überwintern in Italiens Süden suchen, ich würde genau diesen Campingplatz wählen: Camping Lido Salpi in Manfredónia. Sehr schön an den unendlichen Sandstränden im Süden des Gargano gelegen, traumhafte Motorradstrecken und bildschöne Landschaften direkt vor der Tür, leckere Pizza im Angebot und viel, viel Sonne – was will man mehr? Eben diese verlockenden Moppedstrecken im Gargano nehmen Kiki und ich heute unter die Reifen.

Die Grundlage einer gelungenen Moppedtour ist natürlich ein gutes Frühstück. Und wo gäbe es das hier besser, als in einem der gemütlichen Straßencafés in Manfredónia. Die unterhaltsame und sympathische Hafenstadt empfängt uns am frühen Morgen noch mit relativer Ruhe, die Bars und Cafés sind aber schon geöffnet. Das müssen sie auch, denn schließ-

… und einem herrlichen Panorama (unten).

lich frühstücken viele Italiener gar nicht zu Hause, sondern auf dem Weg zur Arbeit. Schnell in die Bar gesprungen, einen Espresso oder Cappuccino geordert, ein Cornetto dazu (eine Art Croissant) und schon geht's weiter. Wir lassen es natürlich gelassener angehen, ordern Tramezzini (frischen Saft) und süßen Cappuzzino und genießen die leckeren Brote mit Schinken, Käse und Salat.

Durch den dunklen Fels

Wenig später sind auch wir wieder unterwegs, verlassen die Küstenstadt in Richtung Osten auf der gut ausgebauten SS 89. Wenige Kilometer hinter der Stadtgrenze taucht die Strada Statale im wahrsten Sinne des Wortes in die Bergwelt des Gargano ein. Einige lange Tunnel führen die Strecke durch den dunklen Fels. Alternativ dazu und natürlich unsere erste Wahl

sind die beiden aussichtsreichen Nebenstrecken, die sich mit unzähligen Kurven und Kehren entlang des Kaps Punta Rossa und vorbei am Hafen von

Der Gargano ist bekannt für seine bildschönen Küsten.

Solide Wehrtürme sicherten einst die Küste (unten).

Mattinata schlängeln. Kurz vor Masseria Mattinata treffen wir wieder auf die Küstenstraße, jetzt als SP 53 ausgeschildert. In wildem Zickzack-Kurs führt sie durch die küstennahen Berge und immer wieder überrascht sie mit tollen Panoramen hinaus aufs Meer, wo der Golf von Manfredonia langsam in die offene Adria übergeht. Strahlend gelb blühender Ginster und stachelige Kakteen stehen rechts und links der Straße Spalier. Mehr als einmal stoppen wir an einem der zahlreichen Aussichtspunkte, um den schönen Blick auf Meer und Küstenlandschaft ausgiebig zu genießen.

AUTOREN-TIPP

DER NATIONALPARK GARGANO

Der Parco Nationale del Gargano bedeckt mit einer Fläche von annähernd 120 000 Hektar den Großteil der Halbinsel Gargano. Inmitten des Nationalparks liegt zudem das besonders geschützte rund 400 Hektar große Gebiet Foresta Umbra. Das Kerngebiet des Foresta Umbra ist aus Naturschutzgründen für Besucher komplett gesperrt. Die Wälder des Gargano zählen zu den ältesten und ursprünglichsten Wäldern Italiens. Hier dominieren dichte Buchen-, Ahorn- und Eichenbestände. Besonders beeindruckend sind die wilden Orchideen der Region, im Gargano existiert die europaweit größte Vielfalt an Orchideen. Eine große Zahl der vom Aussterben bedrohten Garganischen Rehböcke sowie die regionaltypischen Podolica-Rinder werden im Naturpark gehalten. Zudem wird hier noch auf traditionelle Art und Weise der schmackhafte Käse der Region, der Caciocavallo Podolica, hergestellt.

Interessant sind auch die beiden großen Seen auf dem Gargano. Die riesige fischreiche Lagune Lago di Lesina ist fast 25 Kilometer lang und lediglich durch eine Sanddüne vom Meer getrennt. Die Lagune ist durch einen Kanal mit dem Meer verbunden und dadurch schiffbar. Das historische und besuchenswerte Kleinstädtchen Lesina ragt in die Lagune hinein.

Der knapp zehn Kilometer lange Lago di Varano etwas östlich vom Lago di Lesina ist der größte See Süditaliens. Er ist durch eine mit Pinien und Eukalyptusbäumen bewachsene Landzunge vom Meer getrennt, über die die sehr schöne SP 41 führt. Der Lago di Varano ist ebenfalls durch einen Kanal schiffbar, in dem Brackwassersee gibt es zahlreiche Aale und Muscheln, die rund um den See angeboten werden. **www.parks.it/parco.nazionale.gargano**

Herrlicher Kurvenspaß

Bei der Abzweigung nach Pugnochiuso setze ich den Blinker. Zwar könnten wir in Richtung Vieste auch weiter der SP 53 folgen, aber dann würden wir den herrlichen Kurvenspaß zwischen Pugnochiuso und Portogreco verpassen, was natürlich ein großer Fehler wäre. Und wir kämen nicht in den Genuss des Torre dell' Aglio. Seit gut 350 Jahren wacht dieses auch als

Torre Portogreco bekannte wehrhafte Bauwerk hier am westlichsten Punkt des Gargano über die Küste. Direkt zu seinen Füßen lasse ich die Honda ausrollen und zu Fuß erkunden wir den spannenden Felsvorsprung rund um den Turm. Die Aussicht von hier entlang der felsigen und zerklüfteten Küste ist einfach genial.

Nur wenige Minuten später, kurz vor dem kilometerlangen Sandstrand südlich von Vieste, lockt uns gleich der nächste Turm von der Straße. Gleich am Rand einer kernigen Kehre gelegen, ragt hier der mächtige Torre di San Felice in den Himmel. Zwar lässt sich auch dieses beeindruckende Gemäuer leider nicht von innen besichtigen, aber auch hier lohnen sich ein paar Schritte um den Turm herum. Denn von hier lässt sich ein toller Blick auf den Felsbogen von San Felice werfen. Hier hat die Natur am Ende einer kleinen Sandbucht ganze Arbeit geleistet und ein bildschönes Felstor durch den Karst geschmirgelt. Für nicht wenige Garganesen gilt der Bogen als das

Das hübsche Felsentor Arco di San Felice.

Verlockende Sandstrände gibt es hier überall.

VALLE dei VENTI
CACCAVELLI

Kakteen und Olivenbäume sind ständige Begleiter.

Wahrzeichen des Gargano. Zurück auf der SP 53 begleitet uns für die nächsten Kilometer Sandstrand fast ohne Ende. Hätten wir Badehose und Bikini im Gepäck, würden Kiki und ich uns wahrscheinlich sofort in die frischen Fluten stürzen.

Zerklüfteter Kalkstein

Am Stadtrand von Vieste geht der Sandstrand in schroffen Fels über. Schon von weitem ist der in der Sonne schneeweiß leuchtende und zerklüftete Kalkstein gut zu erkennen. Und gleich fällt auch der Blick auf die mächtige Natursteinsäule, das Wahrzeichen der Stadt. Der Pizzomunno, wie der Fels genannt wird, ist bekanntlich ein versteinerter junger Mann. Seine Liebe zur schönen Cristalda wurde ihm zum Verhängnis, als diese von eifersüchtigen Sirenen ermordet wurde. Aus Trauer darüber erstarrte der Unglückliche zu Stein.

Der Pizzomunno ist das Wahrzeichen von Vieste.

Ganz in der Nähe der Piazza Vittorio Emanuele parken wir unser Mopped und schlendern durch die Gassen der Stadt. Nette Läden und einladende Cafés und Restaurant gibt es in Hülle und Fülle, einige Balkone und Terrassen oberhalb der Kalksteinklippen bieten fantastische Aussichten entlang der Küste und auf den schattigen Plätzen lässt sich ein erfrischendes Eis genießen. Steile Wege und Treppen führen zwischen des Fassaden hindurch. Nicht umsonst gilt Vieste als eines der schönsten Städtchen Apuliens. In einem der Restaurants gönnen wir uns leckeren, fangfrischen Fisch mit tollem Blick über das Meer.

Gut gestärkt und gesättigt verlassen wir das schöne Vieste in nordwestlicher Richtung entlang der Küstenstraße.

Immer einen Besuch wert: Peschici.

Nicht weit hinter dem Ortsausgang steht einer der für Apulien und Gargano so typischen Trabucchi. Der Trabucco ist ein auf hohen Stelzen auf das Meer hinaus ragendes Holzhaus, von dem rechteckige Netze ins Meer versenkt werden. Schon im Mittelalter wurden an der italienischen Küste aus Schwemmholz kleinere Hochstände zu diesem Zweck gefertigt. Hier, und in der Provinz Pescara, hat man die Baukunst perfektioniert und nicht wenige große Trabucchi dienen heutzutage sogar als Wochenendhäuschen.

Einladende Sandstrände

Weiter geht der Kurvenspaß entlang der Küste. Im Schlingerkurs windet sich die SP 52 Kilometer für Kilometer durch die bergige Landschaft. Auch hier wird die Küstenlinie immer wieder von einladenden Sandstränden unterbrochen. Schroffe Felsen ragen dazwischen wie Finger weit hinaus in die See. In dem Abschnitt zwischen Vieste und Péschici warten Campingplätze auf sonnenhungrige Besucher. Das schöne, weiße Dorf Péschici liegt ebenso wie Vieste auf zerklüftetem Fels hoch über dem Wasser. Die Italiener nennen das Küsten- und Badeörtchen auch Glücksstadt. Kein Wunder, hat doch hier im Oktober 1998 das Lotterieglück so richtig zugeschlagen und einer 99-köpfigen Tippgemeinschaft einen Gewinn von sage und schreibe 32 Millionen Euro zugespielt. Vielleicht mag das der Grund sein, weshalb uns das nette Péschici noch ein wenig entspannter erscheint als die ohnehin schon relaxte Region des Gargano.

Weg ins Kurvenparadies

Noch bis Bellariva folgen wir der Küstenstraße, dann setze ich den Blinker ins Landesinnere. Vico del Gargano steht auf dem Hinweisschild, das den Weg ins Kurvenparadies eröffnet. Schräglage für Schräglage geht es hinauf in das fast 500 Meter hoch gelegene Vico del Gargano. Das Bergdorf gehört verdientermaßen zu der überschaubaren Gruppe der „I borghi più belli d'Italia", einer Vereinigung der schönsten Orte Italiens.

Mit der Honda gönnen wir uns eine Runde motorisiertes Sightseeing, rollen durch die schmalen Gassen und Wege, landen in der einen oder anderen Sackgasse und staunen nicht schlecht über all die tollen Fassaden und Bauwerke.

Die nächsten 45 Kilometer sind Bergstrecke vom Feinsten. Von Nord nach Süd geht es quer über die Gargano-Halbinsel und durch den Foresta Umbra. Das heißt so viel wie „dunkler Wald“ und das riesige Naturschutzgebiet trägt diesen Namen zurecht. Bis zu 800 Meter hoch gelegen, gilt der Foresta Umbra als einer der am besten erhaltenen alten Wälder Italiens. Zwischen den uralten Buchen tummeln sich Wildschweine und Rehe, Mufflons und Wildkatzen. Mitten hindurch führt die schöne Landstraße und beim Blick rechts und links ins dunkle Waldesinnere

Serpentinenparadies ganz im Westen der Tour.

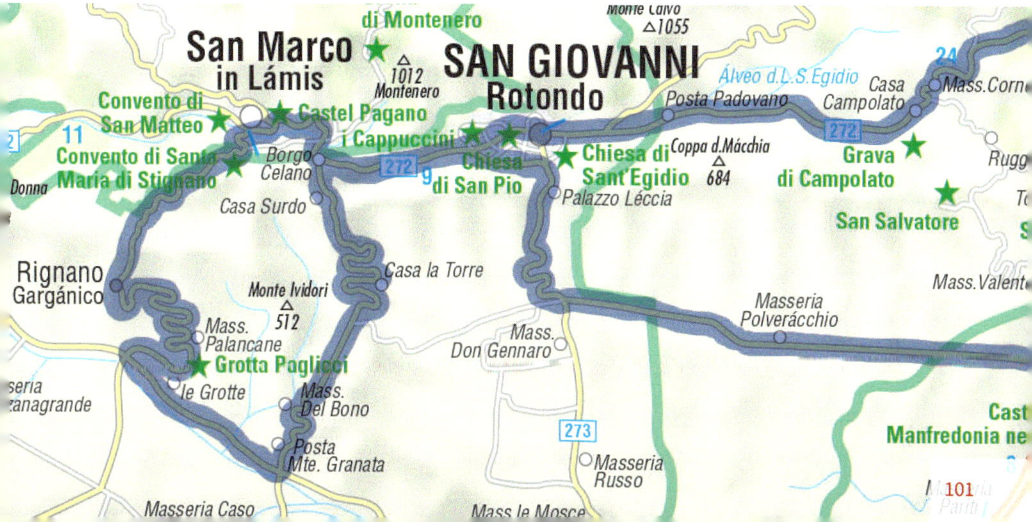

kann man gerne glauben, dass sich hier schon so mancher Wanderer verirrt hat und ziemlich lange unterwegs war.

Wieder auf der Südseite des Gargano angekommen, empfängt uns das trubelige Monte Sant'Angelo. Wer Zeit und Muße mitbringt, kann hier durchaus Zeit verbringen. Die Wallfahrts- und Grottenkirche San Michele, die Überreste der Kirche San Pietro und vor allem das normannische Kastell sind durchaus sehenswert und ein Besuch lohnt sich schon. Aber wer hier in der Saison herkommt, muss schon ein wenig Leidensfähigkeit mitbringen. Denn er ist nie alleine, vorsichtig ausgedrückt. Das Gleiche gilt übrigens auch für San Giovanni Rotondo, einige Kilometer westlich. Das wird nicht zuletzt wegen des Grabes des inzwischen heiliggesprochenen Padre Pio jährlich von Millionen Pilgern besucht.

Blick ins Flachland bei Rignano Garganico.

Spannende Serpentinen

Weitaus weniger turbulent präsentieren sich uns San Marco in Lámis, das uns entlang entspannter Landstraßen weiter nach Rignano Garganico führt. Ab hier geht es steil hinunter aus den Bergen ins Flachland Apuliens. Eine ganze Reihe spannender Serpentinen führen in das Flusstal Torrente Candelaro und bei Casa la Torre lassen wir es uns nicht entgehen, die steilen Berghänge auch wieder hinaufzufahren – Kurvenspaß pur. Das wir damit San Giovanni ein zweites Mal streifen, tut der Faszination keinen Abbruch. Im Gegenteil, hier gönnen wir uns einen letzten leckeren Kaffee, bevor wir schließlich wieder in Richtung Manfredónia zum Ausgangspunkt dieser spannenden Runde zurückkehren. ◂

INFOS ZUR TOUR

CHARAKTERISTIK

Gut ausgebaute Landstraßen, kurvig und mit griffigem Asphalt, dunkle Waldstrecken, die bis zum Mittag hin feucht sein können, rumpelige Bergstrecken mit unbefestigten Rändern – hier ist alles möglich. Das macht diese faszinierende Runde aber nur um so spannender.

PÄSSE DER TOUR

Auch wenn die Strecke quer über die Berge des Gargano führt, einen ausgewiesenen Pass gibt es hier nicht.

ÜBERNACHTUNG

Camping Lido Salpi
SS 159 delle Saline Kilometer 6, 200
71043 Manfredónia
Freundlicher und schöner Campingplatz direkt am Sandstrand, auch perfekt zum Überwintern, mit Bar, Pizzeria und kleinem Laden.
www.campinglidosalpi.it
GPS 41.554891, 15.888042

Forte Hotel Vieste
Viale Italia 9, 71019 Vieste
Modernes Hotel an der Promenade von Vieste mit schöner Anlage, Pool, nettem Restaurant, Bar und eigenem Parkplatz.
www.fortehotelvieste.com
GPS 41.885701, 16.167045

Hotel degli Aranci
Piazza S. Maria delle Grazie 10, 71019 Vieste
Freundliches Hotel in der Nähe des Zentrums mit gepflegten Zimmern, ansprechendem Restaurant und schönem Pool.
www.hotelaranci.it
GPS 41.879179, 16.173439

KOMBINATIONSMÖGLICHKEITEN

Diese Gargano-Runde lässt sich recht angenehm mit der Molise-Tour Nr. 6 kombinieren. Wer gerne noch mehr Kilometer fahren möchte, schließt eine Runde um die beiden oben beschriebenen Seen mit ein.

Unbekannte **Region**

Touristisch kaum erschlossen ist Molise, die zweitkleinste Region Italiens. Ein Grund mehr, auf den kurvenreichen und spannenden Straßen im Hinterland der Adria auf Tour zu gehen – eine interessante Entdeckungsreise in eine unbekannte Region.

Molise ist perfekt für Naturliebhaber.

TOUREN-STECKBRIEF

BASISORT
Termoli (42.004369, 14.998615)

LÄNGE DER TOUR
ca. 280 km

DAUER DER TOUR
8 Stunden

ROADBOOK
Termoli, Lago di Liscione, Acquaviva Collecroce, Civita Campomarano, Petrella Tifernina, Campobasso, Limosano, Trivento, Torrebruna, Carunchio, Furci, San Salvo, Termoli.

HIGHLIGHTS
Kurvenreich und spannend – die Strecke quer durch das Biferno-Tal von Civita Campomarano nach Petrella Tifernina macht mächtig Laune (41.717490, 14.712499 / etwa mittig).

Aus dem Trigno-Tal geht es hoch nach Torrebruna – geradeaus geht anders (41.827431, 14.571222 / Startpunkt im Tal).

Das bildschöne Städtchen Termoli.

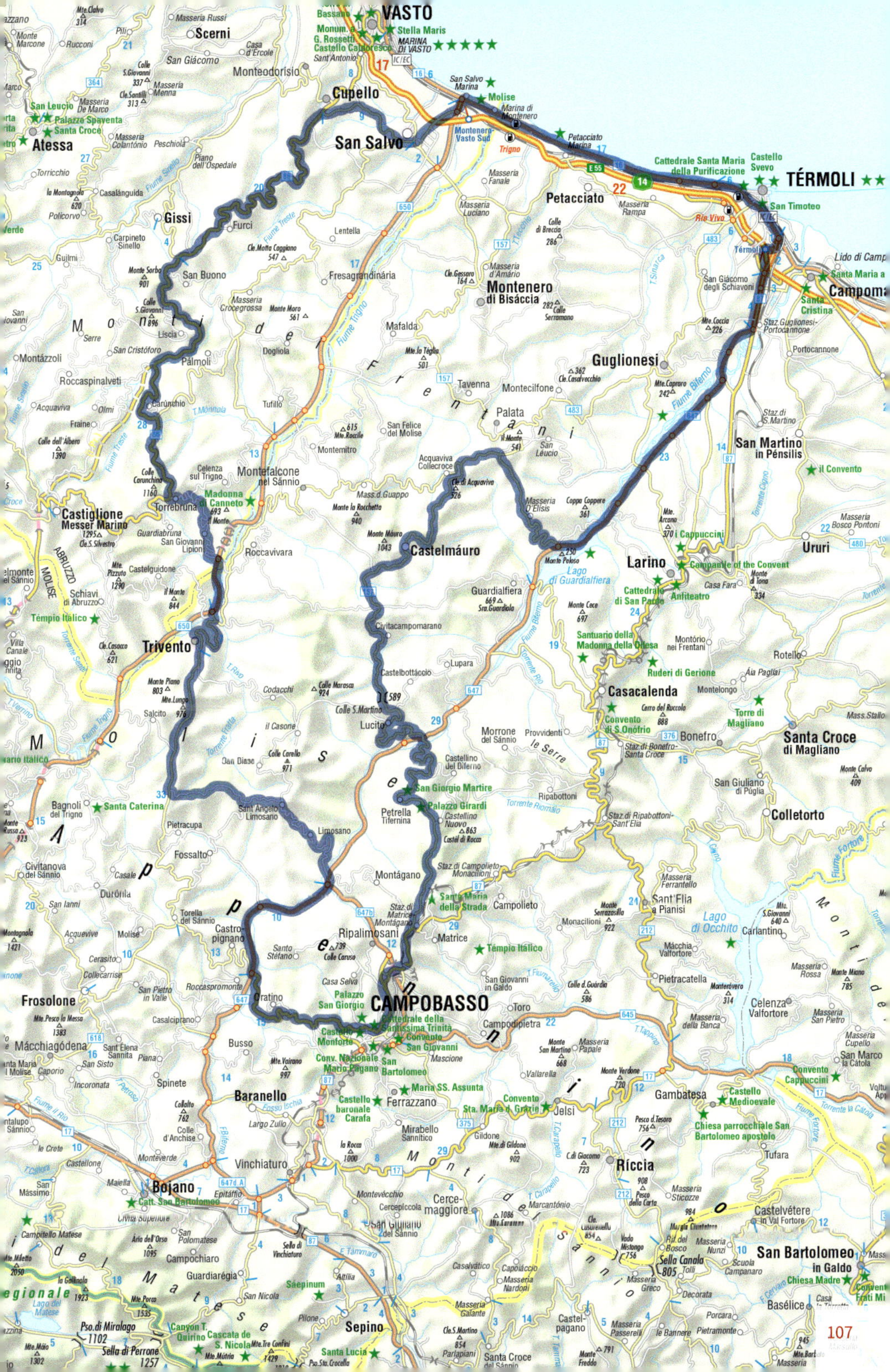
VASTO
Stella Maris
MARINA DI VASTO
Bassano
Monum. a G. Rossetti
Castello Caldoresco
Sant'Antonio
Cupello
San Salvo
San Salvo Marina
Molise
Marina di Montenero
Montenero-Vasto Sud
Trigno
Petacciato Marina
Petacciato
Cattedrale Santa Maria della Purificazione
Castello Svevo
TÉRMOLI
San Timoteo
Rio Vivo
Lido di Campomarino
Santa Maria a Mare
Campomarino
Santa Cristina
Scerni
Monteodorisio
Masseria Russi
Monte Marcone
Rucconi
San Giácomo
Casa d'Ercole
San Leucio
Palazzo Spaventa
Santa Croce
Atessa
Masseria De Marco
Masseria Colantónio
Peschiola
Piano dell'Ospedale
Torricchio
Casalanguida
Gissi
Furci
Carpineto Sinello
Lentella
Masseria Fanale
Masseria Luciano
Montenero di Bisáccia
Masseria d'Amário
San Buono
Fresagrandinária
Masseria Crocegrossa
Liscia
San Giácomo degli Schiavoni
Mte.Coccia 226
Staz.Guglionesi-Portocannone
Portocannone
Serre
San Cristóforo
Dogliola
Mafalda
Montázzoli
Palmoli
Roccaspinalveti
Tufillo
Tavenna
Montecilfone
Guglionesi
Acquaviva
Olmi
Carúnchio
Fraine
Palata
San Felice del Molise
Montemitro
Acquaviva Collecroce
San Léucio
Fiume Biferno
Staz.di S.Martino
San Martino in Pénsilis
il Convento
Colle dell'Albero 1390
Celenza sul Trigno
Montefalcone nel Sánnio
Castiglione Messer Marino
Torrebruna
Madonna di Canneto
Guardiabruna
San Giovanni Lipioni
Roccavivara
Mass.d.Guappo
Monte la Rocchetta 940
Monte Máuro 1043
Castelmáuro
Masseria D'Elisis
Coppa Coppere 361
Monte Poloso
Lago di Guardialfiera
Larino
I Cappuccini
Campanile of the Convent
Cattedrale di San Pardo
Anfiteatro
Ururi
Masseria Bosco Pontoni
Casa Fara
ABRUZZO
MOLISE
Schiavi di Abruzzo
Castelguidone
Guardialfiera
Tempio Italico
Trivento
Civitacampomarano
Monte Cece 697
Santuario della Madonna della Difesa
Montório nei Frentani
Rotello
Ruderi di Gerione
Áia Pagliai
Casacalenda
Montelongo
Torre di Magliano
Mass.Stallo
Santa Croce di Magliano
Convento di S.Onófrio
Bonefro
Staz.di Bonefro-Santa Croce
Castelbottáccio
Lupara
Codacchi
Colle S.Martino
Lucito
Salcito
il Casone
Morrone del Sánnio
Provvidenti
le Serre
Castellino del Biferno
Ripabottoni
San Giuliano di Púglia
San Giorgio Martire
Palazzo Girardi
Petrella Tifernina
Castellino Nuovo
Castel di Rocca
Staz.di Ripabottoni-Sant'Elia
Colletorto
Bagnoli del Trigno
Santa Caterina
Pietracupa
Sant'Angelo Limosano
Limosano
Fossalto
Civitanova del Sánnio
Duronia
Casale
Montágano
Staz.di Campolieto Monacilioni
Santa Maria della Strada
Campolieto
Monacilioni
Masseria Ferrantello
Sant'Elia a Pianisi
Lago di Occhito
Carlantino
Torella del Sánnio
Castropignano
Ripalimosani
Matrice
Tempio Italico
Mácchia Valfortore
Acquevive
Molise
Santo Stéfano
Colle Caruso
Cerasito
Casa Selva
Oratino
San Giovanni in Galdo
Pietracatella
Masseria Rossa
Frosolone
Roccaspromonte
Palazzo San Giorgio
CAMPOBASSO
Toro
Celenza Valfortore
Casalciprano
Cattedrale della Santissima Trinità
Castello Monforte
Convento
San Giovanni
Campodipietra
Masseria della Banca
Masseria San Pietro
Mácchiagódena
Busso
Sant'Elena Sannita
Conv. Nazionale Mario Pagano
San Bartolomeo
Mascione
Masseria Papale
Masseria Cupello
San Marco la Cátola
Sant'Angelo in Grisone
San Sisto
Piana
Vallarella
Convento Cappuccini
Incoronata
Spinete
Maria SS. Assunta
Gambatesa
Castello Medioevale
Baranello
Castello baronale Carafa
Ferrazzano
Convento Sta. Maria d. Grazie
Jelsi
Chiesa parrocchiale San Bartolomeo apostolo
Largo Zullo
Colle d'Anchise
Mirabello Sannitico
Gildone
Tufara
Castellone
Monteverde
Vinchiaturo
Ríccia
Bojano
Catt. San Bartolomeo
Epitáffio
Cercemaggiore
Masseria Sticozze
Castelvétere in Val Fortore
Maiella
San Massimo
Cívita Superiore
Montevécchio
Cercepiccola
San Giuliano del Sánnio
Marcantónio
San Polomatese
Campochiaro
Sella di Vinchiaturo
Sella Canala
Masseria Nunzi
Scuola Campanaro
San Bartolomeo in Galdo
Chiesa Madre
Convento Frati Minori
Campitello Matese
Guardiarégia
Casalvatico
Capoiáccio
Masseria Nardoni
Masseria Greco
Decorata
Basélice
San Nicola
Altilia
Sáepinum
Masseria Galante
Masseria Passerelli
Porcara
Pietramonte
le Bannere
Castelpagano
Pso.di Miralago
Canyon T. Quirino
Cascata de S. Nicola
Pilone
Sepino
Sella di Perrone
Santa Lucia
Santa Croce del Sánnio
Monti dei Frentani
Monti del Matese
Monti del Sánnio
Monti della Daunia
Appennino
Molise
Fiume Trigno
Fiume Biferno
Fiume Fortore
E 55
A14

Molise – schon mal gehört? Das wäre erstaunlich. Meist fristet die nach dem Aostatal zweitkleinste Region Italiens eher ein touristisches Schattendasein. Das ist schade, denn Molise hat nämlich durchaus seine Reize. Genau denen wollen wir heute nachgehen.

Schon der Tag zuvor in dem schönen Hafen- und Badestädtchen Termoli war einfach ein Gedicht. In der Borgo Antico, der Altstadt Termolis, waren wir unterwegs, haben zu Fuß die heute noch beeindruckenden Reste der Stadtmauer und das wehrhafte Kastell aus dem 13. Jahrhundert erkundet und waren durch die Gassen und über den weißen Strand geschlendert. In den gemütlichen Bars und Cafés haben wir den Tag ausklingen lassen, nicht ohne natürlich ein oder zwei leckere regionale Weine aus der Provinz Campobasso zu probieren – oder waren es vielleicht doch drei?

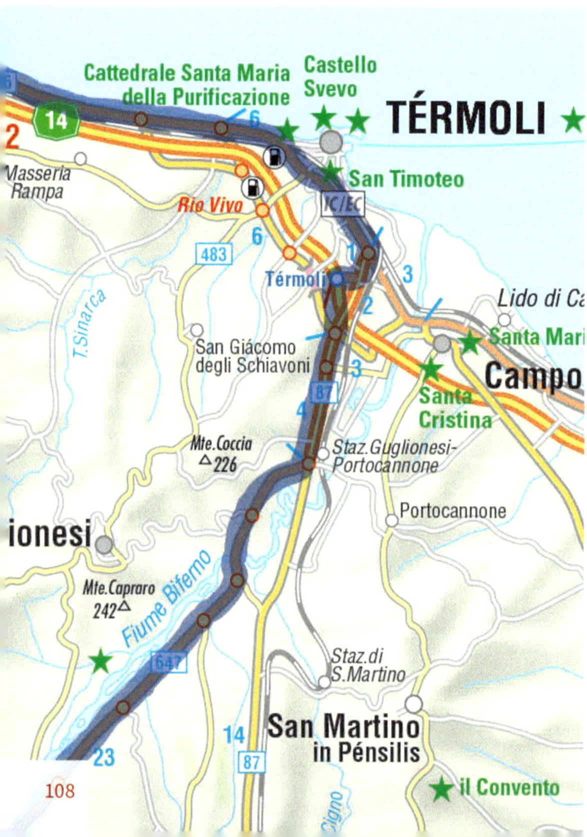

Sanft gewelltes Hinterland

Egal, so gut sie auch waren, für das frühe Aufstehen heute Morgen waren sie nicht gerade förderlich. Das macht aber nichts, schließlich wollen wir ja etwas sehen von dieser schönen Region und so rollen wir gleich nach einem kräftigen Frühstück hinaus aus der Hafenstadt und hinein in das sanft gewellte Hinterland. Schnell lassen wir das Industriegebiet am Stadtrand hinter uns und folgen dem Valle del Biferno. Biferno: Nach dem Fluss ist auch das Weinbaugebiet benannt, dessen trockener Rotwein uns gestern so gut mundete. Die Strada Statale 647 führt uns gen Südwesten, durch weite, offene, grüne Landschaft, vorbei an unzähligen Olivenhainen und Mandelbäumen. Am kleinen Weiler Romualdi hebt sich die Landstraße auf Stelzen immer höher über die Felder, überquert urplötzlich die Staumauer des Lago del Liscione und führt dann über viele hundert Meter quer durch den See. Wie in einem Wasserflugzeug fühlen wir uns bei der Fahrt über die glitzernde Wasserfläche.

Schließlich erreicht der Asphalt wieder das Land, für uns heißt das, rechts

abbiegen. Kurvenreich mäandert die SP 78 durch die Felder und Äcker, erklimmt die umliegenden Hügel, führt wieder hinab und endet schließlich an der SP 163, die uns nach Acquaviva Collecroce führt. Anscheinend nur eines der vielen Bergdörfer der Region Molise. Wer aber genau hinhört, wenn die Dorfbewohner reden, wird es merken: Hier wird „moliseslawisch" gesprochen. Nur hier und in den beiden nordwestlichen Nachbarorten hat sich diese sogenannte Mikrosprache, ursprünglich aus dem kroatischen Raum stammend, erhalten.

Im Hafen von Termoli lässt sich prima entspannen.

Aus einer anderen Zeit

Immer bergiger wird die Landschaft, immer öfter rollen wir durch dichten Wald. Über den nächsten Höhen-

Die kurvige Brücke zieht sich mitten durch den Lago del Liscione.

zug erreichen wir Castelmauro und wenige Minuten, aber dafür umso mehr Kurven später, das schöne Civita Campomarano. Bildschön auf einem Bergrücken liegend, wirkt der Ort wie aus einer anderen Zeit.

Das mittelalterliche Kastell, uralte Fassaden und Stadtmauern, schmale Gassen und Treppen, urige Durchgänge und schattige Plätze – wie im Freilichtmuseum, dass aus längst vergangenen Zeiten berichtet, kommen wir uns hier vor. Aber nicht nur durch sein historisches Stadtbild ist Civita Campomarano bekannt, sondern auch durch die Installation des Web 0.0. Das ist der Gegenentwurf des Künstlers Biancoshock, der

Wie aus einer anderen Zeit: Civita Campomarano.

Molise ist grün, soweit das Auge reicht.

hier im Dorf die Errungenschaften des modernen Web 2.0 in die reale Welt transferierte. So wurde zum Beispiel die Parkbank mit dem Twittersymbol versehen, auf der Telefonzelle steht „WhatsApp“, der dreirädrige Ape kreuzt als „we-transfer“ durchs Dorf und auf der örtlichen Anschlagtafel prangt der Schriftzug „facebook“. Eine grandiose Idee!

Hinab ins Tal

Civita Campomarano entlässt uns in südliche Richtung. Ich nehme wieder Kurs auf die SS 647, die uns so spektakulär über den See führte. Da sie auch in ihrem weiteren Verlauf durch das Tal des Biferno führt, heißt es für uns: hinab ins Tal. Den Straßenbauern sei Dank, dass sie bei ihrer Streckenführung so viel Fantasie bewiesen. In zahllosen Schleifen und Schwüngen windet sich die Straße die Bergflanke hinunter und mit noch mehr Kur-

Motorisiertes Sightseeing durch Petrella Tifernina.

ven und Kehren geht es auf der anderen Seite wieder hinauf nach Petrella Tifernina. Weit fällt zwischendurch der Blick über das Tal und die umliegenden Berge, ein tolles Panorama. Und schließlich sind es von hier aus nur noch ein paar Kilometer bis nach Campobasso, die Hauptstadt dieser schönen Region Molise.

AUTOREN-TIPP

KAFFEE IN ITALIEN Die Kaffee-Kultur in Italien ist vielfältig. Das hat vielleicht damit zu tun, dass der Kaffee sich in Europa von Italien ausgehend verbreitete. Die ersten Kaffeehäuser sollen bereits um 1645 in Venedig eröffnet worden sein. Damit man auch heute das bekommt, was man gerne möchte, hier ein paar Hinweise:

Wer einfach „un caffè" bestellt, erhält einen Espresso. Ordert man „un espresso" oder „due espressi", kommt das Gleiche auf den Tisch. Apropos Tisch, der Italiener trinkt seinen Kaffee in der Bar an der Theke und setzt sich dafür nicht. Eine Ausnahme ist natürlich das Café draußen, wo es auch ums Relaxen geht. Der extra Koffeinschub kommt mit „un caffè ristretto", das ist der doppelte, in dem der Löffel geradezu steht. „Cappuccino" ist ein Espresso mit aufgeschäumter Milch und Schaumkrone. Der wird übrigens in Italien grundsätzlich nur vormittags geordert – außer von unwissenden Touristen.

„Latte macchiato" ist wie bei uns warme Milch mit Espresso ohne Schaum. Achtung, bei nur „latte" kommt oft auch nur ein Glas Milch. Wer einen Kaffee wie meist bei uns möchte, bestellt „caffè americano" oder „caffè lungo". Koffeinfrei geht auch, das nennt sich „un deca". Im Sommer ist ein „caffè freddo" oft die richtige Wahl: ein Espresso, getunt mit Eiswürfeln, gerne auch mit Zucker. Mein persönlicher Favorit ist übrigens der „caffè corretto". Dabei wird dem Espresso ein Grappa hinzugefügt – lecker. Schleckermäuler bestellen „caffè corretto sambuca", dann kommt der Espresso mit einem Schuss Likör.

Weithin sichtbar thront das Castello Monforte über der Stadt auf einem Hügel. Ihm zu Füßen liegt die Altstadt am Berghang. Über zahlreiche Treppen und steile Wege lässt sich dieser schöne Teil Campobassos erkunden. Kiki und mir steht aber mehr der Sinn nach einer geruhsamen Pause als nach schweißtreibendem Treppensteigen.

Ins Herz der Stadt

Also steuere ich direkt die Piazza Vittorio Emanuele an. Eingeschlossen von schönen Fassaden, dem Rathaus und dem beeindruckenden Justizpalast sowie der Kirche Madonna della Libera aus dem 14. Jahrhundert ist der große Platz inmitten des Zentrums die Begegnungsstätte und das Herz der Stadt. Ein Parkplatz für das Mopped ist schnell gefunden und in der Bar Centrale gönnen wir uns einen

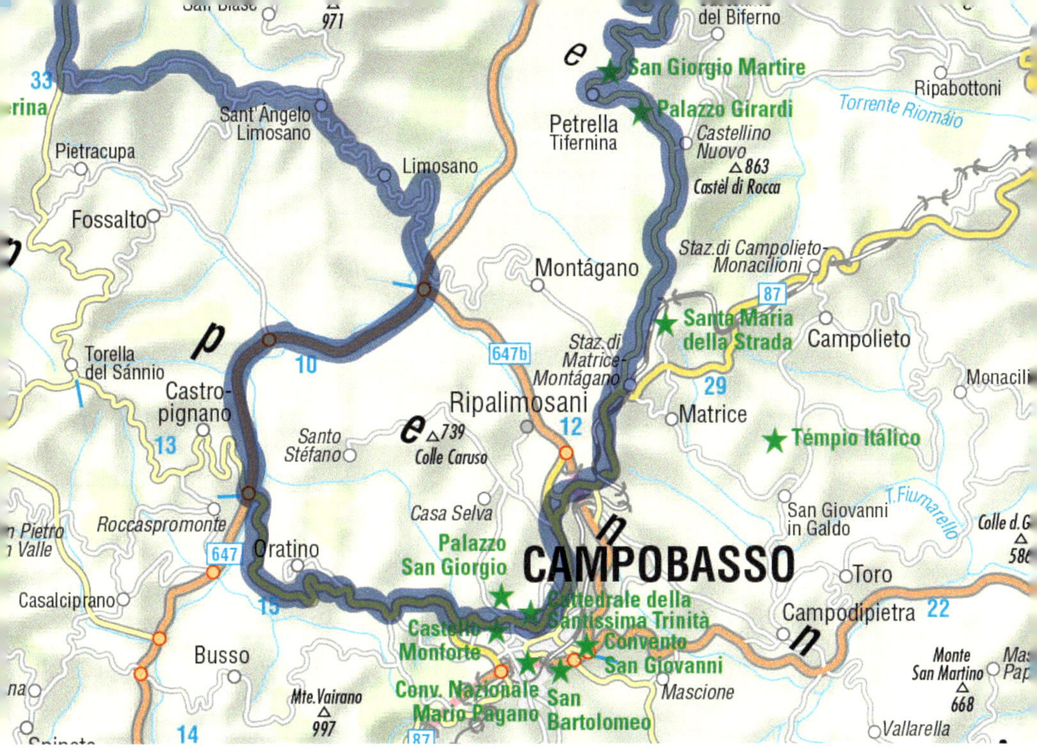

leckeren, frischen Salat mit reichlich Vitaminen.

Campobasso ist der südlichste Punkt unserer Molise-Runde. Vorbei an der Altstadt und der Burg verlassen wir die Provinz-Hauptstadt und tauchen erneut ein in den Kurvenspaß zu beiden Seiten des Biferno-Tals. Besten Dank an den Fluss, dessen Quelle rund 25 Kilometer südlich von Cam-

Campobassos Altstadt ist mondän und dennoch gemütlich.

Limosano ist ein uriges Bergdorf am Ufer des Biferno.

pobasso aus den Hängen der Monti del Motese sprudelt.

Im Lauf seiner gut 85 Kilometer hat der Wasserlauf ein doch recht beachtliches Tal aus dem Boden Molises geschmirgelt. Dessen Hänge zirkeln wir bei Oratino in die Tiefe, folgen für ein paar Kilometer mal wieder der gut ausgebauten SS 647 und arbeiten uns bei Limosano über jede Menge Kurven

und Kehren wieder in die Höhe. Aber nicht nur des kurzweiligen Kurvenspaßes wegen bleibt uns Limosano für längere Zeit im Gedächtnis, sondern auch wegen der schon ziemlich betagten Signora, die just neben der Kirche mit ihrem klapprigen Fiat rückwärts aus einer Parklücke zuckelt. Geguckt hat sie vorher nicht wirklich und ob es nun einfach Fahrlässigkeit oder doch Gottvertrauen war, haben wir nie erfahren. Ich war nur einfach froh, dass zwischen ihrer Stoßstange und meiner Fußraste doch immerhin noch knapp zehn Zentimeter Platz war.

Kraftvoller Fluss

Über Trivento steuern wir das zweite große in Süd-Nord-Richtung verlaufende Flusstal in Molise an – das Tal

des Trigno. Er entspringt ganz im Osten von Moliso, gespeist aus den Ausläufern der nördlich liegenden Abruzzen. Im breiten mit Geröll gefüllten Flussbett sieht der Trigno jetzt im Sommer etwas verloren aus, die mächtigen Felsbrocken und Baumstämme an den Ufern lassen jedoch vermuten, mit welcher Kraft und Wucht der Fluss in Richtung Adria donnert, wenn im Frühjahr der Schnee der Abruzzen schmilzt, und das, wie so manches Jahr zuvor, noch verstärkt mit kräftigen Regenschauern. Nur vier Kilometer düsen wir durch das Valle del Trigno, dann folge ich den Schildern nach Torrebruna.

Unsichtbare Grenze

Und kaum haben wir das Flusstal verlassen, da haben wir auch schon die unsichtbare Grenze zwischen Molise

Typisches Gelb in Molise: Zitronen (links) und Ginster.

und der Region Abruzzen überquert. Wie sollte es anders sein, die Strecke hinaus aus dem Tal ist alles andere als geradeaus. Schräglage für Schräglage geht es hinauf bis in das hübsche Dorf. Auf der Suche nach einem Café kurve ich durch die Sträßchen und werde schließlich fündig. Für kleines Geld bekommen wir eine große Flasche Wasser und zwei starke Espresso..

Solchermaßen gestärkt können wir auch die kurvenreiche SS 86 in Angriff nehmen. Von Torrebruna über Furci und bis an die Küste der Adria führt die Strecke durch das bergige Land. Es geht durch kleine Weinlagen und zwischen Olivenhainen hindurch, manchmal wächst dichter Wald rechts und links der Straße, grüne Wiesen wechseln sich mit weiten Feldern ab.

In Cupello trennen wir uns schließlich von dieser herrlichen Strecke und haben bald die Küstenstraße erreicht, die uns mit den letzten 20 schnurgeraden Kilometer wieder zurück nach Termoli bringt. ◂

Netzwerken: Fischer bei der Arbeit.

INFOS ZUR TOUR

CHARAKTERISTIK

Wie so oft im Süden Italiens variieren auf dieser Runde die Straßenzustände von rennstreckentauglich bis Rumpelpiste. Hier dürfte jeder Moppedfahrer seinen Spaß haben und eines kommt garantiert nicht zu kur: die Kurven. Touristisch wenig erschlossen, umso netter ist der Kontakt und die Bedienung in den vielen kleinen Bars und Cafés entlang der Strecke. Noch ein Tipp: Es ist nicht verkehrt, vorher vollzutanken.

PÄSSE DER TOUR

Auch hier gilt bereits Gesagtes: Praktisch betrachtet gibt es viele Pässe, als solche benamt oder gekennzeichnet sind diese aber auch hier nicht.

ÜBERNACHTUNG

Hotel Mistral

Lungomare Cristoforo Colombo 50, 86039 Termoli
Modernes Haus direkt am Strand und nahe des Zentrums, teilweise toller Meerblick, nettes Hotelrestaurant und sehr freundliches Team .
www.hotelmistral.net
GPS 42.004290, 14.991472

Camping Smeraldo

Via E. Vanoni 5, 86042 Campomarino bei Termoli
Freundlicher Campingplatz direkt am Strand mit zahlreichen Mietunterkünften und Stellplätzen, guter Service, Restaurant und Pizzeria.
www.smeraldocampingvillage.com
GPS 41.952780, 15.061043

KOMBINATIONSMÖGLICHKEITEN

Diese Runde lässt sich prima mit Tour 5 im Gargano kombinieren. Wer die Tour noch etwas verlängern möchte, wird entweder im Süden fündig, dort liegen die Monti del Matese oder im Nordwesten, dort beginnen bereits die Abruzzen.

PIETRO
FONDERIA

Im Land
der Trulli

Das Land der Trulli im Herzen Apuliens erschließt sich weniger durch spektakuläre Streckenführungen, Berglandschaften oder gar Passstraßen, sondern durch eine unvergleichliche Kulturlandschaft. Schneeweiße, in der Sonne leuchtende Dörfer, blühende Landschaften und vor allem die urigen Steinbehausungen – Trulli genannt – locken in diese faszinierende Region.

Pause im idyllischen Hafen von Monópoli.

TOUREN-STECKBRIEF

BASISORT
Monópoli (40.954637, 17.301713)

LÄNGE DER TOUR
ca. 130 km

DAUER DER TOUR
4 Stunden (mit Besichtigungen wesentlich mehr)

ROADBOOK
Monópoli, Polignano, Cozze, Conversano, Castellana, Putignano, Alberobello, Locorotondo, Martina Franca, Cisternino, Torre Canne, il Capitolo, Monóploi.

HIGHLIGHTS
Die Küstenstraße zwischen Torre Canne und Monópoli lockt mit entspanntem Cruisen entlang herrlicher Strände, kleiner Felsbuchten und einladender Picknickplätze (40.911095, 17.344834 / etwa mittig).

Inmitten der Trulli von Alberobello.

d r i á t i c o
MOLA di Bari
Chiesa del SS. Rosario
Teatro Comunale
Chiesa Matrice
Palazzo Roberti
COZZE
NOICÁTTARO
S. Maria della Pace
Carmine
Rutigliano
Madonna della Stella
Masseria Roberti
Masseria Rubiola
Mte.S.Michele 136
San Vito
Polignano a Mare
Masseria Carbonelli
Masseria Társia
Masseria Tangarelli
Cattedrale Santa Maria Assunta
Castello di Marchione
Torre Cilindrica
CONVERSANO
Monastero di San Benedetto
Santa Caterina
Masseria Monterrone
Masseria Purgatório
Casino d'Érchia
Villa le Torri
Casino de Luca
Masseria Santa Bárbara
Masseria Lamafico
S. Maria Amalfitana
MONÓPOLI
Castello di Carlo V
Abbazia di Santo Stefano
Santo Stéfano
Cattedrale
Basile
Villa Miani
COZZANA
Masseria Duo Torri
Masseria San Pietro
Triggianello
Passarello
Masseria Affaitati
Masseria della Zingara
Villa Ostuni
Masseria Conchia
Torre Cintola
Lamandia
Torre Egnázi
Garrappa
Egnázia
SAVELLETRI
Turi
Masseria Gonnelli
Masseria Agnano
Torre Castiglione
Masseria Sério
Castello Marchione
Castellana Grotte
Villa Antonelli
Mte.S.Nicola 290
Mácchia di Monte
GORGOFREDDO
IMPALATA
L'óggia di Pilato
Masseria Caràcciolo
Masseria Cpaviento
Torre Nuova
Grotte di Castellana
Grotta di Putignano
Masseria Terminelo
Masseria Martucci
Mti.d.S.Oronzo 402
Masseria Strambone
Masseria Guardino
Santa Lucia
Mte.Scopo 376
Lama d'Antico
Torrione delle Fogge
Dolmen di Montalbano
Masseria Sant'Angelo de'Grecis
la Forcatella
Masseria la Cerasina
TORRE CANNE
Camping Le Dune
Spaccata
Masseria Gonnella
Masseria Petrosino
Masseria Taleo
Masseria dell'Erba
Masseria Montelli
PUTIGNANO
Masseria Cavallerizza
SELVA
Santa Maria della Grazia
FASANO
Masseria Fiume Morello
Torre San Leonardo
ROSA MARINA
MONTICE
Mte.Sannace 383
Villaggio Apulo
Madonna d. Annunziata
Mte. Rotondo 398
Pin-Pen
San Michele
421 Mte.Sério
Masseria Badessa
COCOLÍCCHIO
Masseria Mazzalorsa
PEZZE DI GRECO
MADONNA POZZO GUACITO
Masseria Difesa di Malta
Montecalvo 402
Masseria Giordana
Masseria Casaboli
Masseria Barsento
Corèggia
Laureto
Salamina
SPEZIALE
Tavole dei Paladini
Masseria Taverne
Noci
Camping dei Trulli
Vaccari d.Contessa
Alberobello
San Marco
Pezzolla
Mte. Signora Pulita 400
Marinello
MONTALBANO
Caranna
Masseria Marangiuli
Masseria Casamassima
Masseria Sansone
ÓIA l Colle
Masseria Serino
Madonna della Croce
Chiesa Abbaziale di Barsento
Trulli
Sant'Antonio
Madonna della Greca
Trito
Sant'Oronzo
Madonna della Scala
Masseria Albanese
Villa Gabrieli
Masseria Morea
Mte.Carello 470
Casa San Vincenzo
Scuola Agraria Gigante
Capo di Gallo 484
Masseria Zippo
Palazzo De Bernardis
Locorotondo
Figazzano
Sisto
Mte.Castel Pegano 366
Cisternino
Spécchia
Mti.d.Badessa 273
OSTUNI
Palazzo Siccoda
Casalini
Monastero delle Carmelitane
Villa Scózia
Santa Cándida
Masseria Cassano
Masseria Cavaruzzo
Masseria Nigri
Masseria Chiaffele
Madonna dell'Arco
Casa Gemmabella
Isabella
Masseria Beatrice
Masseria Riccardo
Masseria Múrgia Albanese
Masseria i Mónaci
Stábile
MARTINA Franca
Basilica di S. Martino
Torre dell'orologio
Palazzo Martucci
Masseria Primicério
Masseria Monte Reale
Sierre
Masseria Traetta
Pizziferro Monsignore
Mte.Angiulli 440
Masseria Malarizza
Masseria Lama di Rose
Masseria Randoro
505 Mte.Sorresso
Masseria Chiancarello
Masseria Orimini
Masseria Risana
Croce Grande
Masseria Gnignera
Mita
Madonna del Pozzo
Mte.Paretone 430
Masseria Paretone
Masseria Santoro
Serra Sorall Olmo 371
Pascarosa
Masseria Genovese
Casino del Duca
Masseria Martuc
Masseria Belvaduto Súrico
Pizziferro Argentieri
Móttola-Castellaneta
San Basilio
Riserva Naturale Murge Orientali
Bosco delle Pianelle
Masseria Piccoli
Masseria Fragneto
Masseria Selvaggi
Pozzo Salerno
Céglie Messápic
Grotte di Montevicoli
Grotte di Pisciacalze
Castello di Céglie Mes
San Michele
Masseria Belvedere
San Francesco
Mte.Orsetti 161
Masseria Montanaro
Mte.S.Elia 450
Masseria Nicolia
Masseria Ginestra
Masseria Peovácqua
Masseria Pilano
San Paolo
Masseria Scagno
Masseria Trazzonara
Mte. Trazzonara 425
Mass.del Duca
Masseria Lúpoli
Masseria Donna Lucrézia
Masseria Castelluzzo
Masseria le Grotte
Casino Sansonetti
Masseria Vallenza
Masseria Famosa
Masseria Pizziferro
Masseria la Pizzica
Mass.Mésole
San Simone
Mass. Orimini
Mass.Mita
Mass. Celano
Masseria Cigliano
Mte. Scotano 326
Villa Castelli
Móttola
Mass. Casalrotto
S. Maria della Luce
Cattedrale San Nicola
Villaggio ipogeo di Petrúscio
Palazzo de Notaristefani
Santuario della
Masseria Colombato
Palagianello
Crispiano

Monópoli – es dürfte das spannende Brettspiel sein, das den Meisten spontan einfällt, wenn man diesen Namen hört. Es gibt aber noch ein anderes Monópoli, wenn auch nicht so bekannt, so doch nicht minder spannend. Es ist das Küstenstädtchen Monópoli, fast mittig des langen Küstenstreifens von Apulien liegend und immer wieder einen Besuch wert. Schon in der klassischen Antike von den Griechen gegründet, hat es eine bewegte Geschichte hinter sich. Hafen und Handel verschafften Monopóli einen gewissen Wohlstand. Noch heute strahlen die beeindruckende Kathedrale und das gut erhaltene Castello mitten in der Stadt Fülle und Reichtum aus. Und natürlich gibt es, wie sich das für Monópoli gehört, auch eine Schlossstraße. Wenn auch die Vico Castello nicht unbedingt die teuerste Adresse der Stadt ist – im Gegensatz zum Brettspiel.

Altstadt hinter Mauern

In Monópoli, dem noch nicht überlaufenen Fischerort, starten Kiki und ich eine kurzweilige Runde durch die Region zwischen Bari und Bríndisi, durch das Land der Trulli. Keine zehn Kilometer entlang der Küste in nordwestli-

Zum Verlieben: das Zentrum (rechts) …

cher Richtung machen wir schon wieder unseren ersten Stopp. Es gilt, die schöne Küstenstadt Polignano zu erkunden. Spektakulär auf einem zerklüfteten, weißen Felsen gelegen, der weit hinaus in die Adria ragt, versteckt sich die Altstadt hinter der Stadtmauer.

Ganz in der Nähe des Stadttores lassen wir die Honda stehen und schlendern auf engen Wegen zwischen den alten Fassaden hindurch und über die kleinen, schattigen Plätze und Terrassen. Hier finden sich spektakuläre Aussichten und ein paar interessante Läden. Hätten wir nicht gerade gefrühstückt, so wäre sicher eines der Cafés unser nächstes Ziel. So lockt uns aber erst mal der Stadtstrand.

Eingeschlossen zwischen hohen Klippen lädt hier das azurblau leuchtende Meer zum Baden. Jetzt am frühen Vormittag sieht es hier noch ziemlich leer aus. Radikal ändert sich dieses Bild, wenn hier Wettbewerbe im Klippenspringen stattfinden. Hunderte

… und die Buchten von Polignano a Mare (rechts).

Zuschauer und Dutzende Boote füllen dann die kleine Bucht.

Eine Handvoll Kilometer halten wir uns noch auf der Küstenstraße, dann biege ich ins Landesinnere ab und folge den Schildern nach Conversano. Mit der immer kleiner werdenden Adria im Rückspiegel, geht es nahezu schnurgerade durch die Landschaft.

Spektakuläre Höhle

Abertausende Olivenbäume säumen unseren Weg und führen uns bis an den Rand der Altstadt Conversanos. Dort warten rund um die Kathedrale ein großer Fußgängerbereich, schattige Plätze, viele, schmale Gassen und Cafés auf Besucher. Ich halte mich südlich, steuere auf Castellana Grotte zu. Wie dessen Name schon verspricht, verfügt das Örtchen über eine besondere Attraktion: eine recht spektakuläre Höhle – die Grotte di Castellana.

Dort, in ziemlicher Tiefe im karstigen Gestein, spielten sich einst dramatische Geschehnisse ab. Eine ganze Gruppe Höhlenforscher, die sich verirrt hatte, wurde, einer nach dem anderen, von üblen außerirdischen Aliens auf brutale Art und Weise gemeuchelt. Klingt unglaubwürdig? Okay, war

Zwischen weißen Mauern und grünen Olivenbäumen.

auch nur im Film. „Alien – Die Saat des Grauens kehrt zurück" hieß der B-Movie, der 1980 in der Höhle gedreht wurde. Auch wenn das Ganze der Fantasie des Autors entsprang, gruselig ist der Weg in die Tiefe dennoch. Denn immerhin geht es unter der Erde ganze drei Kilometer in den Karst hinein.

Weiße Rundbauten

Wir bleiben lieber über der Erde, machen einen Schlenker über Putignano und nehmen dann Kurs auf Alberobello. Je näher wir dem Ort über die SS 172 kommen, um so öfter tauchen rechts und links der Straße die ersten Trulli auf. Die faszinierenden, weißen Rundbauten begleiten uns bis hinein in das Städtchen, das selber ganze Straßenzüge voller dieser urigen Steinhäuschen aufweist. Zu verdanken ist diese seit 1996 unter dem besonderen Schutz der UNESCO stehende Architektur Giangirolamo II. Acquaviva, im 17. Jahrhundert Graf von Conversano und damit Feudalherr der Region. Er kam auf die trickreiche Idee, so die kaiserlichen Steuereintreiber, die für neu erbaute Häuser Gebühren kassieren wollten, zu täuschen.

Das runde Dach des Trullo wird grundsätzlich ohne Mörtel gebaut, sondern nur in Form eines Gewölbes aufgeschichtet. Näherte sich nun die

Faszinierende Rundbauten: die Trulli.

Martina Franca protzt mit historischen Gemäuern.

kaiserliche Truppe, wurden flugs alle Trulli abgedeckt und galten ohne Dach dann auch nicht mehr als bewohnbare Häuser – das perfekte Steuer-Sparmodell. Besonders beeindruckend findet sich diese Bauweise übrigens auch in der Kirche Alberobellos wieder. Selbst deren riesige Kuppel und der hohe Glockenturm sind auf diese Weise gebaut. Mit der Honda rollen wir durch die urigen Gassen und zwischen unzähligen Trulli hindurch.

Die langen Straßenzüge der weiß leuchtenden Steinhäuser sind sehr beeindruckend und wer noch mehr darüber wissen möchte, folgt den Schildern zum Museo del Territorio. Dort findet sich dann eine Art Heimatmuseum mit einer interessanten Sammlung über den Ursprung der Trulli und die Stadt Alberobello, über historische Werkzeuge und die traditionelle Arbeits- und Wohnkultur.

AUTOREN-TIPP

Bekanntlich ist es eine Binsenweisheit, dass die allseits so beliebte **PIZZA** aus dem Süden Italiens stammt. Was aber noch längst nicht jeder verinnerlicht hat, ist, dass eine frische Pizza geschmacklich etwas absolut anderes ist, als ihr Pendant aus der heimischen Discounter-Tiefkühltruhe. Deshalb hier ein Rezept aus frischen Zutaten – einfach mal ausprobieren:

- 1 Päckchen Trockenhefe
- 250 Gramm Mehl
- 1 Teelöffel Salz
- 1 Esslöffel Olivenöl für den Teig
- 900 Gramm reife, frische Tomaten
- 65 ml Olivenöl für die Sauce
- 3 Knoblauchzehen
- Salz, Pfeffer, Basilikumblättchen
- 300 Gramm frischer Mozzarella

Die Hefe mit 125 Milliliter warmen Wassers verrühren. Mehl auf die Arbeitsfläche, Hefe und Wasser, Salz und Öl dazu und verkneten. Lange kneten und schlagen, bis der Teig glatt und weich ist. Dann die Teigkugel zugedeckt etwa zweieinhalb Stunden aufgehen lassen (doppeltes Volumen). Tomaten halbieren, ohne Saft und Kerne zerkleinern. Öl erwärmen und Knoblauch leicht anbraten, Tomaten dazu und 15 Minuten garen, würzen.

Backofen auf 250 bis 275 Grad erhitzen. Teig ausrollen, mit der Soße bestreichen, mit Mozzarella und Basilikumblättchen belegen. Dann 10 bis 15 Minuten backen, bis der Teig goldbraun ist. Guten Appetit!

Kreisrunde Altstadt

Schnurgerade, unterbrochen nur von wenigen Richtungsänderungen führt uns wenig später die SS 172 in Richtung Locorotondo. Niedrige Steinmäuerchen, Olivenhaine und Weinstöcke, und immer wieder die Trulli in allen möglichen Größen huschen an uns vorbei. Schon von Weitem fällt Locorotondo ins Auge. Die schöne, kreisrunde Altstadt liegt auf einem Hügel und ihre schneeweiße Farbe leuchtet unter dem tiefblauen Himmel. Locorotondo, das bedeutet so viel wie „runder Ort“, und wer die Altstadt mal auf einer detailreichen Karte gesehen hat, weiß sofort, warum der Ort so heißt.

Für viele Süd-Italiener gilt der Ort inmitten des Valle d'Itria als eines der schönsten Städtchen Apuliens. Wir können das durchaus nachvollziehen. Die weiß gekalkten Häuser mit ihren spitzen, grauen Giebeln, die weiß

Einladendes Restaurant in Martina Franca.

strahlenden, blank gewetzten Steinplatten der verwinkelten Gassen, abgetretene Stiegen aus ebenfalls weißem Kalkstein und die vielen, bildschönen Fassaden geben der Altstadt Locorotondos einen ganz besonderen Flair. Das Highlight der Altstadt ist der Palazzo Morelli, der historische Herrschaftspalast in der Via Morelli mit seinen schmiedeeisernen Balkonen und dem reich verzierten Portal. Kein Wunder also, dass Locorotondo der exklusiven Vereinigung der schönsten Dörfer Italiens angehört.

Richtig froh sind Kiki und ich übrigens, dass wir heute Morgen mit reichlich Platz in unseren Moppedkoffern gestartet sind. Als erfahrene Italienreisende wissen wir natürlich, dass es rund um Locorotondo exquisite Weißweine gibt. Für die leckeren Tropfen gibt es eine eigene geschützte Herkunftsbezeichnung und was sich Locorotondo nennt, darf auch nur aus dieser streng reglementierten Region kommen. In der Touristinfo wird uns die Cantine Cardone in der Via Martiri della Libertà als Weinhandlung empfohlen. Ein guter Rat – wir dürfen dort probieren und mit drei Flaschen Weißwein im Gepäck rollen wir wieder vom Hof.

Einstiges Handelszentrum

Das schöne Locorotondo entlässt uns in Richtung Süden nach Martina Franca. Eine Reise in das Land der Trulli wäre ohne einen Besuch in dieser Stadt einfach unvollständig. Auch Motorradreisende, die sonst eher nicht so viel mit Kultur am Hut haben, werden sich dem Zauber Martina Francas nur schwer entziehen können. Als einstiges Handelszentrum sieht man der Stadt ihren früheren Reichtum noch heute deutlich an. Die vier mächtigen Stadttore führen in eine Altstadt, die selbst in Süditalien ihres-

Cisternino gilt als eines der schönsten Dörfer Italiens.

gleichen sucht. Die Arkadengänge um die Piazza Maria Immacolata, die Piazza Roma mit dem Palazzo Ducale, der Dom am Rand der Piazza Plebiscito – eine Sehenswürdigkeit reiht sich an die nächste und Kiki und ich könnten immer wieder stundenlang durch die traumhaft schöne Altstadt schlendern.

Im Zentrum von Polignano.

Köstliche Spezialität

Extrem verlockend sind natürlich auch die Eisdielen der Stadt, bekannt für ihre lokalen köstlichen Spezialitäten. Apropos lokale Spezialität: Der Capocollo di Martina Franca ist eine ähnlich dem Rohschinken gepökelte und dann luftgetrocknete Wurstspezialität aus Schweinenacken und Filet, die gerne hauchdünn als Aufschnitt verzehrt wird und einfach köstlich schmeckt. Vor Ort gekauft und verzehrt – ein Traum! Natürlich wandert auch davon eine Portion in die Koffer, der Abend ist gerettet.

Mit einer letzten Runde über Cisterno und die sehr schöne und abwechslungsreiche Küstenstraße SP 90 beenden Kiki und ich diese sehr abwechslungsreiche und interessante Runde durch das Land der Trulli. Auch wenn deren Straßen keine fahrerischen Herausforderungen darstellten, nicht mit Pässen glänzten oder Kurvenparadiese verkörperten – dennoch bleibt sie uns besonders lange im Gedächtnis. Und das nicht nur des guten Weines wegen. ◂

INFOS ZUR TOUR

CHARAKTERISTIK

Deutlich gesagt: Wer ausschließlich auf der Suche nach tollen Moppedstrecken ist, kommt hier zu kurz. Wer aber wirklich bildschöne Dörfer besuchen möchte und ganz besondere Eindrücke einer sehr interessanten Region mitnehmen möchte, dem sei diese Tour unbedingt ans Herz gelegt. Fahrerisch geht es entspannt durchs Land und zum Abschluss belohnt eine abwechslungsreiche Küstenstrecke.

PÄSSE DER TOUR

Pässe finden sich im Land der Trulli keine.

ÜBERNACHTUNG

Hotel Don Ferrante Dimore di Charme
Via San Vito 27, 70043 Monópoli
Exquisites Haus in bester Lage direkt am Wasser. Ausgezeichneter Service, topp Restaurant schöne Zimmer und eine traumhafte Terrasse.
www.donferrante.it
GPS 40.952203, 17.306443

Park Hotel San Michele
Viale Carella 9, 74015 Martina Franca
Einladendes Hotel in zentraler Lage im schönen Martina Franca mit nettem Team, guter Ausstattung und sehr angenehmer Atmosphäre.
www.parkhotelsanmichele.it
GPS 40.701049, 17.341196

Hotel Dimora Pascali
Via Pino Pascali, 70044 Polignano a Mare
Sehr freundliches Haus in klasse Lage mit umfangreichem Angebot und einladenden Zimmern.
www.dimorapascali.it
GPS 40.993445, 17.224434

KOMBINATIONSMÖGLICHKEITEN

Perfekt lässt sich die Tour durch das Land der Trulli mit der Runde Tour 4 oder Tour 8 kombinieren. Wem die Kilometer nicht reichen, der dreht noch eine Runde über Céglie und Ostuni, zwei sehr schöne Orte und nette Strecken im Südosten der Runde.

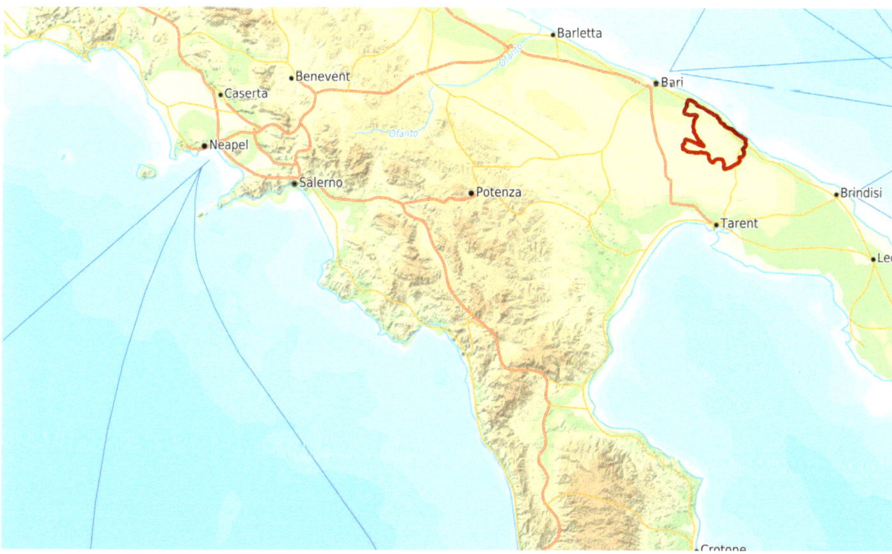

Meditation mit **dem Motorrad**

Menschenleere Gegenden, einsame Landstraßen, urige Bergdörfer – eine Tour durch die Basilikata zwischen dem Ionischen Meer und den Lukanischen Dolomiten ist wie eine Reise in eine andere Zeit. Der Kurvenspaß ist dabei garantiert!

Basilikata: Das ist Touren im Grünen.

TOUREN-STECKBRIEF

BASISORT
Pisticci (40.390375, 16.551506)

LÄNGE DER TOUR
ca. 225 km

DAUER DER TOUR
7 Stunden

ROADBOOK
Pisticci, Peschiera, Tursi, Colobraro, Oriolo, Cersósimo, Noépoli, Lago di Monte Cotugno, Senise, Roccanova, Aliano, Stigliano, Craco, Peschiera, Pisticci.

HIGHLIGHTS
Zwischen Colobraro und il Baraccone geht es in unzähligen Kurven hinunter ins Sinni-Tal und wieder hinauf (40.187720, 16.422589 / Ortsausfahrt Colobraro).

Rund um Roccanova finden sich herrliche, abwechslungsreiche Motorradstrecken: Genuss pur (40.211415, 16.204295).

Oliven: ein Exportschlager Süditaliens.

Pisticci
Santa Maria del Casale
Chiesa Madre di Pisticci
Palazzo de Franchi
Castello di San Basilio
Stigliano
Masseria Galante
Masseria Del Monte
Masseria Indorata
Craco
Masseria Vitelli
Peschiera
Montalbano Jónico
Accettura
Dolomiti Lucane
Gorgoglione
Cirigliano
Masseria Trifoglione
Masseria Arboreto
Masseria Scorciabuoi
Aliano
Alianello Nuovo
Alianello
Missanello
Gallicchio
Sant'Arcángelo
San Brancato
Santa Maria di Orsoleo
Roccanova
Castronuovo di Sant'Andrea
Senise
Lago di Monte Cotugno
Masseria Fontanelle
Chiesa di Santa Maria Maggiore
Rabatana
Tursi
Cattedrale dell'Annunziata
Santuario Maria SS. di Anglona
Palazzo del barone Brancalasso
Santa Maria d'Anglona
Colobraro
Valsinni
Castello di Valsinni
Antica città fortificata
Rotondella
Nova Siri
BASILICATA
CALABRIA
San Giórgio Lucano
Bosco S.Marina
Oriolo
Castello
San Giorgio
Palazzo Santo Stéfano
Montegiordano
Castello Rocca
Rocca Imperiale
Noépoli
Cersósimo
San Páolo Albanese
San Costantino Albanese
Chiaromonte
San Tommaso
Palazzo di Giura
Torre della Spiga
Teana
Carbone
Calvera
Fardella
Francavilla in Sinni
Episcopia
Parco Nazionale del Pollino
San Severino Lucano
Terranova di Pollino
Alessándria del Carretto
Amendolara
Albidona
San Michele Arcangelo
Madonna del Cafaro
Sant'Antonio da Padova
Riserva Naturale Gole del Raganello
San Lorenzo Bellizzi
Cerchiara di Calábria
Palazzo Rovitti
Sta. Maria delle Armi
Trebisacce
Villapiana
Torre Saraceno
Morano Cálabro
Castello Normanno-Svevo
Monastero di San Bernardino
Santi Apostoli Pietro e Paolo
Frascineto
Francavilla Maríttima
S. Caterina d'Alessandria
Spidarea
Roseto Capo Spúlico
Immacolata Concezione

Klein, aber fein – so lässt sich zutreffend das Bergdorf Pisticci charakterisieren. Schneeweiß leuchtet die Häuserzeile auf einem der unzähligen Hügel der Basilikata, unterbrochen nur von dunkleren Stadtmauern und Bögen als Fundament der vielen Bauten am steilen Hang. Auf Anhieb hatten wir gestern Abend eine nette Unterkunft gefunden und waren noch ein wenig durch den Ort geschlendert. Es ist für Kiki und mich immer wieder erstaunlich, welche Ruhe und Gelassenheit diese Orte im Süden Italiens ausstrahlen – Erholung pur.

Beginn der Kurverei

Für heute steht eine Runde durch das Herz der Basilikata auf dem Programm und kaum haben wir das beschauliche Pisticci verlassen, da geht schon die Kurverei los. Über einige Kehren arbeiten wir uns aus dem Bergdorf hinunter in Richtung der Strada Statale 176, die uns in südlicher Richtung über das ausgetrocknete Bachbett des Fiume Cavone führt. Tausende Olivenbäume säumen den Weg, die noch frische und kühle Morgenluft

Hier lässt es sich herrlich cruisen – onroad (unten) …

... und off-road (links).

dringt in den Helm und riecht nach Gras und Erde.

Inmitten der unzähligen Wiesen und Felder taucht das kleine Nest Peschiera auf. Wir müssen uns entscheiden, ob wir unsere Runde mit oder gegen den Uhrzeigersinn fahren wollen. Wir entscheiden uns für Ersteres und biegen links auf die SP 103 ab. Es ist nicht viel los auf der Strada Provinciale. Außer einem klapprigen Kleinlaster und einem noch älteren Trecker, die wir ruckzuck überholen, ist hier am Morgen noch niemand unterwegs.

Hochwertige Olivenöle

Kurz nachdem zu Füßen des Masseria Malabocca zwei knackige Kehren den Flug über die Landstraße unterbrechen, liegt rechterhand die Oleificio Santa Lucia. Als einfache Ölmühle 1950 gegründet, weiß der moderne Hof heute mit Qualität und tollen Produkten zu überzeugen. Die leckeren und hochwertigen Olivenöle gibt es hier auch als aromatisierte Öle. Kräuter, Basilikum, Zitrone oder

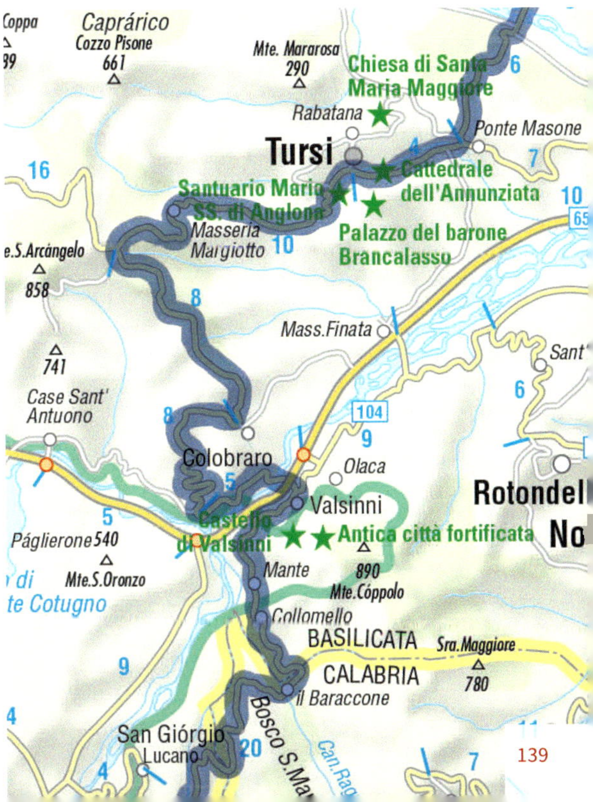

See-the-world.de

Motorradfahren in der Basilikata ist wie Seele baumeln lassen.

Praktisch: shoppen vom Mopped aus in Cersosimo.

Minze geben dem Öl eine feine Note. Gut, dass wir für eine kleine Flasche noch ein bisschen Platz im Gepäck haben. Da wir erkennbar mit dem Mopped unterwegs sind, wird uns die Flasche gleich doppelt und dreifach gut eingepackt.

Wenige Minuten später überqueren wir über eine lange Brücke auf der SP 154 das breite Flussbett des Fiume Agri. An manchen Stellen ist das Flussbett bis zu 350 Meter breit und voller Geröll, nur ein kleines Rinnsal schlängelt sich zwischen den Steinen hindurch. Das wäre die perfekte Offroad-Strecke für viel Spaß auf unbefestigten Wegen. Jetzt, hier und heute, mit Gepäck und Sozia, verzichte ich lieber auf derartige Einlagen.

AUTOREN-TIPP

PANEM ET CIRCENSIS – BROT UND SPIELE Schon die Römer kannten sich aus mit dem Backen, zauberten leckeres Brot auf die Tafel. In Italien haben Ciabatta und Co. deshalb lange Tradition und es gibt viele regionale Brot-Spezialitäten. Als Antipasti, also als Vorspeise, wird gerne Bruschetta gereicht. Brotscheiben mit Olivenöl und Knoblauch, darauf Tomaten und Gewürze. Ähnlich funktionieren Crostini, sie können jedoch auch in der Pfanne zubereitet sein oder zusätzlich geröstet werden. Der Teig ist meist knuspriger als beim Bruschetta. Ebenfalls als Antipasti beliebt sind die knusprigen Grissini oder Fagolosi, dünne Stangen aus Hefeteig. Sie werden häufig auch mit Rosmarin oder anderen Kräutern verfeinert.

Immer wieder gerne gegessen wird das Focaccia. Das auf einem Blech gebackene Hefebrot wird mit Oliven- und Tomatenstückchen bestreut und mit Olivenöl beträufelt. Belegt mit regionalem Käse, Schinken und bzw. oder Salat ist es eine perfekte Zwischenmahlzeit. Lecker sind auch die Tramezzini, die ursprünglich aus Turin stammenden belegten Weißbrot-Scheiben in dreieckiger Form ähneln dem klassischen Sandwich. Übrigens hält in Italien mittlerweile auch das Vollkornbrot Einzug, es nennt sich Pane Integrale.

Eine Spezialität aus Apulien ist das Pane Pugliese. Das runde Brot wird aus einer Mischung von Weichweizenmehl (Farina) und Hartweizenmehl (Semola) zubereitet. Bisweilen beinhaltet das Pane Pugliese auch Kartoffelmehl (Fecola di Patate).

Das nächste Bergdörfchen

Vorbei an Ponte Masone rollen wir nach Tursi hinein. Im kleinen, örtlichen Supermarkt versorgen wir uns mit ein paar leckeren, regionalen Zutaten für unser mittägliches Picknick. Ein würziger Käse, frische Tomaten und natürlich ein knuspriges Brot verschwinden im Gepäck. Leckere Brote können sie hier, kein Wunder, seit jeher wird in der Basilikata viel Getreide angebaut. Auf den angebotenen verlockenden guten Tropfen Wein, natürlich auch aus der Region, müssen wir schweren Herzens verzichten. Aber das können wir ja heute Abend in Pisticci nachholen. Gen Westen verlassen wir Tursi auf der zunehmend kurviger

werdenden SP 154. Schon von Weitem taucht am Horizont das nächste Bergdörchen auf – Colobraro.

Je näher wir dem Ort kommen, umso mehr heißt es, aufzupassen. Colobraro hat nämlich eine ganz spezielle Geschichte, er ist der Ort des Unglücks. Eine auffällige Häufung von Reifenpannen rund um den Ort ist nur eines der vielen Merkmale, weshalb selbst der Ortsname in der Region nicht in den Mund genommen wird. „Quel paese" sagt man nur, was etwa „dieses Dorf" bedeutet. Angeblich haben die Bewohner den bösen Blick und bei Verkehrskontrollen nichts zu befürchten, den wer möchte sich schon mit dem personifizierten Bösen anlegen – der gemeine Carabinieri jedenfalls nicht. Aberglaube ist bekanntlich noch weit verbreitet im ländlichen Süditalien.

Auf uns scheint kein böser Fluch zu liegen, unbeschadet umrunden wir Colobraro, freuen uns über die abwechslungsreiche Streckenführung hinunter in das Tal des Fiume Sinni

In der Basilikata ist man öfter ganz alleine unterwegs.

und erreichen später unbeschadet etwas südlich von Oriolo den südlichsten Punkt unserer Runde. Hier geht es übrigens für einige Kilometer über die Grenze der Basilikata hinüber nach Kalabrien. Außer ein paar kleinen Schildern weist nichts darauf hin.

Italiens größter Stausee

Kurz vor Senise glitzert das Wasser des Lago di Monte Cotugno in der Sonne. Mit seinen gut 530 Millionen Kubikmetern Inhalt gilt der mächtige See als der größte Stausee Italiens. Ein schöner Picknickplatz ist an seinem Ufer schnell gefunden und einer erholsamen Pause steht nichts im Wege. Den anschließenden aufmunternden Espresso gönnen wir uns in einem der einladenden Straßencafés im Zentrum von Senise.

Die Fahrt durch die abgeschiedene Landschaft der Basilikata ist wie Meditation. Wir cruisen durch grünes Land, kurven durch die hügelige Landschaft, treffen über viele, viele Kilometer keine anderen Verkehrsteilnehmer und nur selten huscht mal ein kleiner Weiler

oder ein alter Hof vorbei. Mehr als einmal bleiben wir einfach am Straßenrand stehen, genießen die Ruhe und Stille und die tollen Ausblicke in die menschenleere Gegend. Neben dem Knistern und Knacken des abkühlenden Motors sind nur noch ab und an die Rufe der in der warmen Luft kreisenden Greifvögel zu hören – welch eine Idylle.

Castronuovo, Roccanova, Aliano – nur wenige Orte liegen entlang unserer Strecke. Stigliano, das wir schon auf der Tour 3 durch die Provinz Potenza kennengelernt hatten, bildet den nordwestlichsten Punkt dieser Runde. Der perfekte Abstecher, gerade richtig, um uns ein erfrischendes Eis zu gönnen.

Bekannte Geisterstadt

Mit vielen weiteren schönen Aussichten über die Region führt uns die Strada Provinciale 103 am Monte Casale vorbei, gönnt uns dabei auch wieder jede Menge schöner Kurven und bringt uns schließlich bis vor die Pforten von Craco. Das Bergdorf, heute eine der bekanntesten Geister-

Noepoli ist ein Bergdorf mit Charme (oben). Vierbeiner gibt es mal neben und mal auf der Straße (links).

Das verlassene Dorf Craco ist sehenswert.

städte Italiens, hat eine dramatische Geschichte hinter sich, die im Jahr 1688 mit einem Erdbeben begann. Im Lauf der weiteren Jahrzehnte bemerkte man, dass der Berg und Boden unter dem Dorf instabil wurde und sich bewegte. Als 1888 eine Brücke der heutigen SS 103 gebaut wurde, senkte sich diese plötzlich um 20 Zentimeter. Anfänglich wurde das ignoriert, ebenso die ersten Risse und Abbrüche an der Bausubstanz des Ortes ab 1931. Bis zum letzten schweren Erdbeben 1980 ist die Geschichte Cracos ein Wechsel von Erdrutschen, dilettantischen Wiederaufbauversuchen, neuen Erdrutschen und der kompletten Räumung des Dorfes. Heute lässt sich die Geisterstadt im Rahmen von Führungen besuchen. Bis hinauf auf den höchsten Punkt des Dorfes führt die einstündige Führung durch die Ruinen, um die herum einige Szenen von „James Bond 007: Ein Quantum Trost“ und des Epos „Die Passion Christi“ von Mel Gibson gedreht wurden.

Unterwegs im einsamen Salandrella-Tal.

In Peschiera, nur ein paar Kilometer südöstlich Cracos, haben die meisten der einst evakuierten Einwohner eine neue Heimat gefunden. Wir wechseln hier auf die SS 176 und nehmen quer über das Tal des Fiume Cavone wieder Kurs auf Pisticci, in dem wir heute Morgen starteten und in dem wir heute Abend regionalen Weine kosten werden. ◂

INFOS ZUR TOUR

CHARAKTERISTIK

Nicht immer sind die Straßen in den menschenleeren Gegenden der Basilikata im allerbesten Zustand. Mit einem Auge auf dem Asphalt, den man als Motorradfahrer ja sowieso immer im Blick haben sollte, ist das jedoch kein Problem. Die Strecken sind dafür umso schöner. Hier ist Motorradfahren Erholung pur, die fahrerischen Herausforderungen halten sich in Grenzen, umso besser lassen sich Landschaft und Panoramen genießen.

PÄSSE DER TOUR

Die Runde ist zwar ein stetes Auf und Ab, dank der eher sanft gewellten Natur der Basilikata sind Pässe allerdings Fehlanzeige.

ÜBERNACHTUNG

Torre Fiore Hotel Masseria

Contrada Terranova Snc., 75015 Pisticci
Exquisites Hotel in einer alten Festung außerhalb von Pisticci, traumhafte Anlage mit Pool und mehreren Lounges, sehr gutes Panorama-Restaurant, familiäre, angenehme Atmosphäre.

www.hoteltorrefiore.com
GPS 40.367673, 16.605180

B&B Sottolarco

Via Ludovico Ariosto 87, Interno B, 75015 Pisticci
Kleines, freundliches B&B mit großen Zimmern und Terrasse in zentraler Lage, italienisches Frühstück.
www.bedandbreakfast.eu/privatzimmer/pisticci/b-b-sottolarco/3094114
GPS 40.389968, 16.562013

KOMBINATIONSMÖGLICHKEITEN

Perfekt lässt sich diese Runde mit der gleich anschließenden Tour 3 kombinieren, aber auch mit Tour 4. Ein paar Kilometer mehr gefällig? Dann bietet sich ein Abstecher im Südwesten der Tour in Richtung Rotonda an.

Kawasaki
900

Im Herzen **Kalabriens**

Kurvenreich geht es im grünen Herzen Kalabriens durch die einsame Bergwelt der Sila. Zu Füßen der mächtigen Berggipfel winden sich herrliche Motorradstraßen durch dichten Wald, und urige Bergdörfer wachen über die grandiose Landschaft des Naturparks.

Die normannische Burg von Squillace.

TOUREN-STECKBRIEF

START- UND ZIELORT

Máida (38.875485, 16.336261)

LÄNGE DER TOUR

ca. 275 km

DAUER DER TOUR

8 Stunden

ROADBOOK

Máida, Squillace, Catanzaro Lido, Catanzaro, Taverna, Zagarise, Sersale, Lago Ampollino, Caporosa, Colósimi, Soveria, Lamezia terme, Máida.

HIGHLIGHTS

Die herrliche Strecke vor und hinter Taverna überzeugt mit reichlich Kurvenspaß und toller Landschaft (39.019032, 16.594017 / Abzweigung SS 109 / SS 179).

Rund um den Lago Ampollino, im Norden dieser Runde, führt eine herrliche Strecke, die nicht nur Spaß macht, sondern auch mit traumhaften Picknickplätzen am Seeufer aufwartet (39.194699, 16.652813 / unser Lieblingsplatz auf der Landzunge).

Ein verlockender Sandstrand liegt zwischen Squillace Lido und Catanzaro Lido.

COSENZA
Rose
Castiglione Cosentino
San Pietro in Guarano
Célico
Spezzano della Sila
Rovito
Trenta
Casole Bruzio
Pedace
Pietrafitta
Aprigliano
Rogliano
Mangone
Santo Stéfano di Rogliano
Parenti
Scigliano
Soveria Mannelli
Decollatura
Platania
NICASTRO
LAMÉZIA TERME
Serrastretta
Feroleto Antico
Pianópoli
Gimigliano
Tiriolo
Carlópoli
Taverna
Sersale
Zagarise
Magisano
Pentone
CATANZARO
CATANZARO MARINA
Máida
San Pietro a Máida
Curinga
Cortale
Girifalco
Bórgia
Squillace
Amaroni
Vallefiorita
Staletti
Filadélfia
Polia
Montepaone
Soverato
Chiaravalle
San Vito sullo Iónio
Monterosso Cálabro
Maierato
Sellía Marina
Crópani
Petronà
Mesoraca
Petília Policastro
Cotronei
San Giovanni in Fiore
Abbazia Florense
Castelsilano
Cerenzia
Caccuri
Savelli
Lago Arvo
Lago Ampollino
Parco Nazionale della Calabria
Parco Nazionale della Cálabria
Ris. Nat. Macchia della Giumenta-San Salvatore
Ris. Nat. Giganti di Fallistro
Ris. Nat. Coturelle-Piccione
Golfo di Squillace
Sila Piccola
Sila Grande
Catena Costiera
Parco Archeologico di Scolacium
Roccelletta del Vescovo di Squillace
Oasi del Lago dell'Angitola
Aeroporto di Lamézia-Sant'Eufémia

Bei Catanzaro locken die Badestrände.

Dort, wo die engste Stelle des italienischen Festlandes liegt, quasi kurz vor der Spitze des italienischen Stiefels, locken am Golfo di Squillace herrliche Sandstrände und ein mildes, geschütztes Klima bis spät in den Herbst hinein. Es ist schon Oktober, aber immer noch strahlt die wärmende Sonne kräftig vom Himmel – T-Shirt-Wetter. Wir wollen zwar nicht baden, aber dennoch nehmen wir Kurs auf die herrliche Mittelmeer-Küste des Ionischen Meeres, lassen unsere schöne Unterkunft bei Máida vorerst hinter uns und folgen der kurvenreichen Strada Statale 181 in Richtung Südosten. Vorbei an einigen hoch auf den Felsen thronenden Bergdörfern schlängeln wir uns durch die Landschaft und landen schließlich in Squillace, dass dem mächtigen Golf seinen Namen gibt.

In den engen Gasse von Squillace.

Runde durch den Bergort

Eigentlich gibt es gleich zwei Squillace. Das Squillace Superiore, eine Hand voll Kilometer vor der Küste auf einem Hügel liegend, und Squillace Lido – wie der Name schon sagt, direkt an der Küste liegend. Es wäre zu schade, den kleinen Bergort einfach links liegen zu lassen. Also drehen wir eine

Runde durch den Ort, der jetzt, am frühen Morgen, noch wie ausgestorben scheint.

Vor den beeindruckenden Überresten der normannischen Burg lassen wir unsere Motorräder ausrollen. Leider ist das stabile Eisentor noch fest verschlossen. Auch beim interessanten Dom haben wir nicht viel mehr Glück, die Pforte ist noch verriegelt. Okay, eigentlich wollten wir ja sowieso Moped fahren. In großem Bogen verlas-

Für die kleine Andacht zwischendurch: die hübsche Kapelle in der Sila.

sen wir den Ort, kurven in Richtung Küste und finden uns wenige Minuten später auf der SS 106 wieder. Die führt, meist in Küstennähe, um den gesamten Golf herum. Nicht immer lässt sich direkt das Meer ausmachen. Aber natürlich lassen wir uns die schönen Badestrände von Squillace nicht entgehen, ein Abstecher muss sein, und beim Anblick des verlockenden Nass nehmen wir uns vor, wenigstens noch einen erholsamen Badetag einzulegen.

Hauptstadt Kalabriens

Ein paar Kilometer führt uns die SS 106 entlang der Küste, dann folge ich den Schildern nach Catanzaro und biege links ab. Die 90 000 Einwohner-Stadt ist nicht nur die Hauptstadt der gleichnamigen Provinz, sondern auch der Region Kalabrien. Viele Museen und Kirchen liegen in und um die historische Altstadt, es gibt ein interessantes Zentrum und nicht zuletzt durch die moderne Universität ist in Catanzaro immer etwas los. Uns steht der Sinn aber eher nach abwechslungsreichen Motorradstrecken und kaum

Immer wieder lässt sich ein Abstecher an einen der Strände machen.

haben wir Catanzaro hinter uns gelassen, geht es in Richtung Taverna damit schon los.

Im wilden Zickzack windet sich die SS 109 in Richtung Norden der Sila Piccolo entgegen. Die Sila, das ist ein mächtiger Gebirgszug, der einen großen Teil Kalabriens einnimmt. Der größte Teil, dessen höchste Gipfel sich fast 2 000 Meter hoch in den Himmel strecken, steht als Naturpark unter besonderem Schutz. Gleich hinter Taverna, dessen weiße Häuser sich direkt an die südlichen Bergflanken der Sila schmiegen, beginnt der Parco Nazionale della Sila.

Genussvoll, Schräglage für Schräglage, folgen wir der südlichen Grenze des Gebirges. Immer wieder geht es hinauf auf einen der unzähligen Bergrücken und auf der anderen Seite mit wilden Kehren wieder hinunter. Mal haben wir die Sonne im Rücken, dann mal wieder im Gesicht. Manche Streckenabschnitte liegen noch im Schatten und die Fahrbahn ist vom Tau der Nacht noch ein wenig klamm. Dann,

Kakteenfrüchte sind essbar.

Ein Bistro gibt's hier in jedem Dorf.

Entspannen am Lago Ampollino.

eine Kurve später, rollen wir über warmen, griffigen Asphalt und drehen kräftig am Gas. Bis Sersale genießen wir den Kurvenspaß, dort lassen wir uns in die Stühle des Straßencafés fallen. Das zweite Frühstück haben wir uns mehr als verdient. Mit einer tollen Aussicht direkt vor der Nase genießen wir die erholsame Ruhe.

Spannender Geheimtipp

Einen äußerst spannenden Tipp bekommen wir schließlich von zwei Wanderern. Die sind wegen der Valli Cupe hier. Das ist ein spektakuläres Tal mit unzähligen Wasserfällen, schroffen Felsen und faszinierenden Wanderwegen – also ein Paradies für alle, die mal die Moppedstiefel gegen Wanderschuhe tauschen möchten. Die Valli Cupe liegen etwa fünf Kilometer südlich von Sersale und sind ab dem Ort mit dem braunen Hinweisschild „Canyon Valli Cupe“ ausgeschildert.

Einsamkeit, pure Einsamkeit – auf den folgenden 30 Kilometern ist unser Motorrad so ziemlich das einzige Fahrzeug, das wir wahrnehmen. Ab Sersale tauchen wir auf der SP 22 in den scheinbar unendlichen dichten Wald der Sila Piccola ein. Zu Füßen des 1765 Meter hohen Monte Gariglione mäandert die Straße durch das Grün. Regelmäßig warnen Verkehrsschilder vor Kurven und Wild. Kurven gibt es jede Menge, Wild dagegen eher gar nicht.

Das will aber nichts heißen, denn im ältesten Nationalpark Kalabriens, den die Italiener auch liebevoll die grüne Lunge Kalabriens nennen, gibt es eine ausgedehnte Wild-Population. Und

Außerhalb des Nationalparks darf es auch mal ins Grüne gehen.

AUTOREN-TIPP

TARTUFO DI PIZZO Das leckerste Dessert aus Kalabrien. Eine Tour nach Kalabrien ohne Tartufo di Pizzo? Das geht ja gar nicht! Mindestens einmal muss man es probiert haben. Aber Vorsicht: Der Suchtfaktor ist hoch.

Die Eisspezialität aus Kalabrien ist Trüffelpralinen nachempfunden und trägt eine geschützte Herkunftsbezeichnung. Sie darf also wirklich nur aus der Region um Pizzo kommen. Grundlage der köstlichen Nachspeise ist das traditionelle Tartufo-Eis aus Nuss- und Schokoladeneis. Der Eisball aus den beiden Sorten ist mit einer speziellen Schokoladensoße gefüllt. Vor dem Verzehr wird er in Kakaopulver und Zucker gewälzt oder damit bestreut. Im Café wird er als Eisbecher bisweilen auch mit Sahne, Früchten, Schokolade oder süßem Likör serviert.

Es gibt auch diverse Tartufo-Spezialitäten ohne Eis, bei denen Kekse oder Biskuit als Grundlage für eine Schokomousse dienen, der dann ebenfalls mit Kakaopulver bestreut wird. Diese heißen dann jedoch nicht Tartufo di Pizzo. Das darf nur die köstliche unverfälschte Spezialität. Guten Appetit!

noch ein anderes Tier lebt hier in der Sila: der Wolf. Seit es ab 1970 in Italien weitreichende Gesetze zum Schutz dieser faszinierenden Raubtiere gibt, hat deren Zahl in Kalabrien wieder zugenommen und die meisten kalabrischen Wölfe finden sich in den einsamen Wäldern der Sila. Aber keine Sorge, eine Begegnung zwischen Motorradfahrer und Wolf ist so unwahrscheinlich wie ein Sechser im Lotto.

Landzunge im Stausee

Nördlich des Monte Gariglione, am Stausee Lago Ampollino, geht die Sila Piccola in die Sila Grande über. Der langgestreckte See mit einer Fläche von über fünf Quadratkilometern glitzert unter der Sonne. Steile, dicht bewaldete Seeufer umschließen den mächtigen Süßwasserspeicher. Auf der

Begegnungsverkehr mit Einheimischen.

Zwischendurch mal Vitamine tanken.

SP 61 folgen wir dem Südufer. Immer wieder blitzt das Wasser durch die schmale Baumreihe. Bei Caprara, fast am östlichen Ende des Sees führt eine schmale Landzunge in den Stausee: der perfekte Platz für eine Pause mit einem tollen Blick hinaus aufs Wasser. Wenige Kurven später heißt es aufpassen. Schnell ist die Abzweigung auf die SP 36 verpasst, ein Schild weist auf San Giovanni in Fiore hin. Wir setzen den Blinker und biegen auf die schmale Seeuferstraße ab, die sich gleich mal mit ein paar spannenden Kurven präsentiert und schließlich wieder tolle Panoramen über den Stausee bietet.

Fast zehn Kilometer schlängeln wir uns durch den Wald am Seeufer, dann öffnet sich die Landschaft, gibt den Blick auf das Flusstal am westlichen Ende des Sees frei. Zwischen einem abwechslungsreichen Mix von Wald, saftig grünen Wiesen, braunen Äckern und Feldern hindurch erreichen wir bald die SS 108. Die führt von der

Individuelle Geschmacksprobe im Olivenhain.

Küste bei Crotone am Ionischen Meer bis hinüber nach Lametia Terme am Tyrrhenischen Meer und ist entsprechend befahren. Macht aber nichts, nach all den unendlich vielen Kurven und Schräglagen auf den schmalen Strecken macht es einfach auch mal wieder Spaß im fünften und sechsten Gang über die breite und gut ausgebaute Landstraße zu fegen. Das eine oder andere Auto ist mit einem kurzen Dreh am Gasgriff schnell überholt.

Soveria ist die letzte Etappe vor dem trubeligen Lamezia Terme. Ein einladendes Café ist schnell gefunden. Eine Limonade löscht den Durst, ein tiefschwarzer und heißer Espresso weckt die Lebensgeister und macht munter. Dann noch ein paar herausfordernde Kurvenkilometer und es geht nach Lamezia Terme hinein. Erst gut 50 Jahre ist es her, dass Lametia aus drei nahe beieinander liegenden Orten gegründet wurde. Wirklich sehenswert davon ist eigentlich nur Nicastro, dessen Altstadt sich gleich unterhalb der Ruinen eines Kastells an den Berghang lehnt.

In Richtung Süden entlässt uns Lamezia Terme schließlich auf die letzten Kilometer zurück nach Máida, wo wir im gemütlichen und einladenden Agriturismo Costantino diese abwechslungsreiche Runde durch die Sila Piccola ausklingen lassen. ◂

Es darf gerne mal zwischendurch ein Espresso sein.

INFOS ZUR TOUR

CHARAKTERISTIK

Herrliche, einsame Waldstrecken wechseln sich mit gut ausgebauten Landstraßen ab, vom kleinen Bergdorf bis zum lebhaften Lamezia Terme – es gibt viel Abwechslung auf dieser Runde und von allem etwas. Vorsicht ist geboten nach starken Regenfällen, dann sammeln sich auf den Straßen der Hochebene in der Sila schon mal Sand, Steine, Äste und Blätter. Achtung: Die eine oder andere Hundskurve kann auch schon mal gemein sein.

PÄSSE DER TOUR

Zwar gibt es reichlich Höhenzüge, die überwunden werden, einen ausgewiesenen Pass jedoch nicht.

ÜBERNACHTUNG

Agriturismo Costantino
Localita Donnantonio (SP162/2), 88025 Maida
Sehr nettes Haus mit toller Anlage zum Entspannen, Pool, leckeres Essen, sehr freundliches Team. Hier haben wir auch schon mal unseren Transporter geparkt, während wir für eine Woche auf der Insel Sizilien waren.
www.agriturismocostantino.it
GPS 38.875490, 16.336283

Hotel Guglielmo
Via Azaria Tedeschi 1, 88100 Catanzaro
Freundliches, modernes Hotel mit Spa und schönen Zimmern, fußläufig ins Zentrum, reichhaltiges Frühstück, hilfsbereites und nettes Team.
www.hotelguglielmo.it
GPS 38.914669, 16.583589

KOMBINATIONSMÖGLICHKEITEN

Etwas entfernt liegt im Norden die Tour 8, eine Ecke weiter südlicher geht es hinüber nach Sizilien. Für zusätzliche Kilometer empfehlen wir noch einen Abstecher zum etwas nördlich dieser Runde gelegenen Lago Arvo.

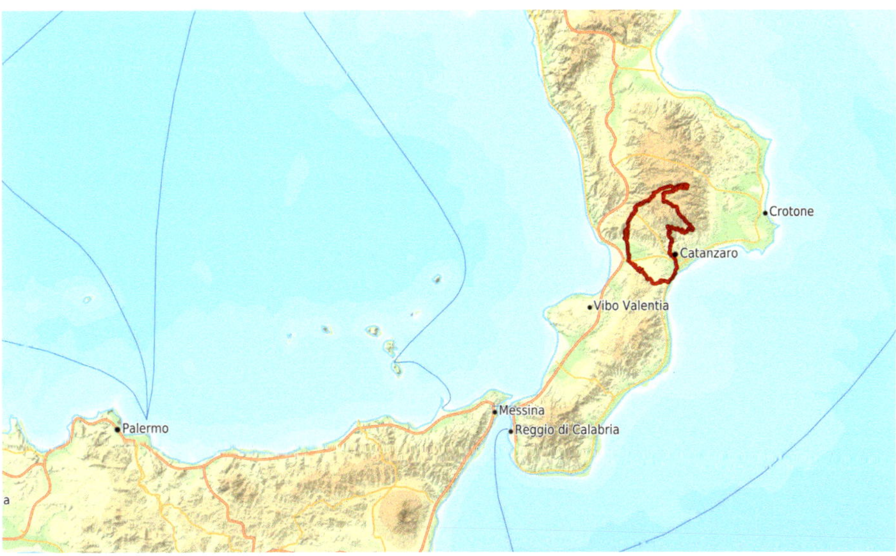

Der Ätna **lebt**

Kaum eine Landschaft Süditaliens ist so beeindruckend wie die Region um den Ätna auf Sizilien, wo spannende Serpentinen durch die Mondlandschaft der erkalteten Lavaströme führen. Von dort geht es durch die einsamen Wälder der Monti Nebrodi – eine fantastische Runde.

Die Fahrt zu Füßen des aktiven Vulkans ist ein besonderes Erlebnis.

Unzählige Buchten warten an Siziliens Küste auf Entdecker.

TOUREN-STECKBRIEF

BASISORT
Messina (38.210441, 15.560990)

ZIELORT
Cefalù (38.040312, 14.019650 Stadtstrand)

LÄNGE DER TOUR
ca. 310 km

DAUER DER TOUR
8 Stunden

ROADBOOK
Messina, Taormina, Pasteria-Lapide, Linguaglossa, Milo, Zafferana Etnea, Rifugia Sapienza, Adrano, Bronte, Cesarò, Cerami, Capizzi, Santo Stefano di Camastra, Cefalù.

HIGHLIGHTS
Wie von einer anderen Welt sind die Bergstrecken unterhalb des Ätna durch die erkaltete Lava (37.700164, 14.998523 / Rifugia Giovanni Sapienza).

Uns hat der einsame Streckenabschnitt zwischen Capizzi und der Meeresküste besonders gut gefallen (37.851165, 14.484401 / Ortsausgang Capizzi).

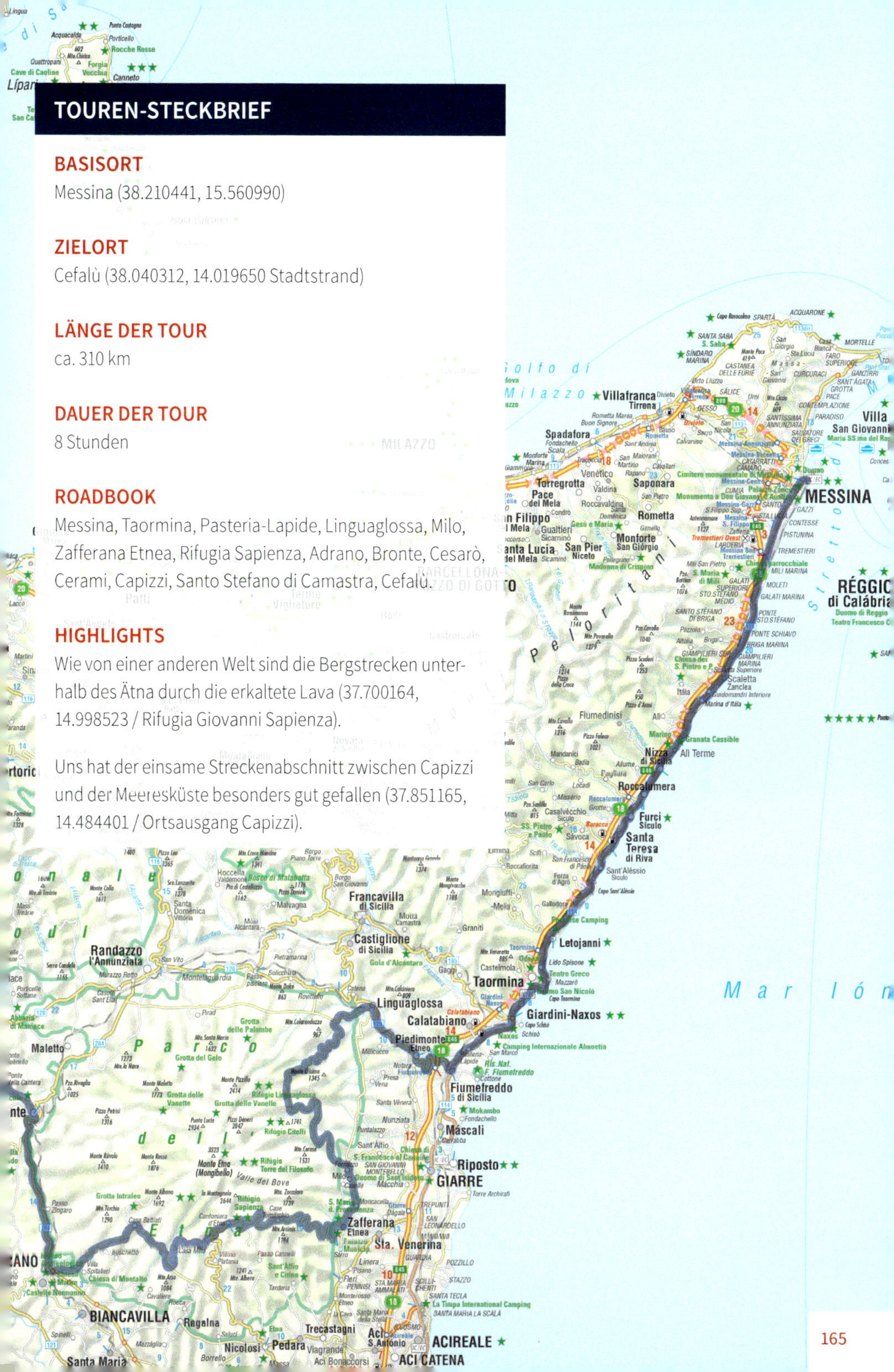

MESSINA
Messina-Boccetta
CATARRATTI
CAMARO
Duomo
Cimitero monumentale di Messina
Messina-Centro
CUMIA
Palazzo Zanca
Monumento a Don Giovanni d'Austria
Messina-Gazzi
SANTO
GAZZI
S.Filippo Sup.
STA.LUCIA
Messina-S. Filippo
CONTESSE
Antennamare
1127
Zafferia
PISTUNINA
Tremestieri Ovest
LARDERIA
Messina Sud-Tremestieri
TREMESTIERI
Mili San Pietro
Chiesa parrocchiale
MILI MARINA
S. Maria di Mili
Pzo. Bottino
1076
GALATI SUPERIORE
MOLETI
STO.STEFANO MÉDIO
GALATI MARINA
SANTO STÉFANO DI BRIGA
PONTE STO.STÉFANO
Pézzolo
PONTE SCHIAVO
Altolia
Briga
BRIGA MARINA
GIAMPILIERI SUP.
GIAMPILIERI MARINA
Chiesa dei S. Pietro e P.
Scaletta Superiore
Scaletta Zanclea
Itála
Guidomandri Inferiore
Marina d'Itála
Stretto
RÉGGI
di Calábr
Duomo di Regg
Teatro Francesc
Scala
Maiorani
San Martino
Cavallari
Venético
Rapano
Torregrotta
Saponara
Valdina
Pace del Mela
San Pietro
Roccavaldina
Santa Doménica
Condrò
Rometta
Gesù e Maria
Gimello
Gualtieri Sicaminò
Monforte San Giórgio
Lucia
San Pier Niceto
Pellegrino
Madonna di Crispino
Peloritani
Monte Rossimanno
1144
Mte.Poverello
1279
Pzo.Cavallo
1040
Pizzo Scuderi
1253
1214
Pizzo della Croce
950
Pizzo d'Armi
Fiumedinisi
Alì
Mte.Cavallo
1216
Pizzo Faleco
1021
Marino
Granata Cassible
Nizza di Sicilia
Alì Terme
Mandanici
Badia
Allume
Pagliara
San Carlo
Locadi
Roccalumera
Missério
Grotte
Casalvécchio Siculo
Furci Sículo
Baracca
S. Pietro e Paolo
Sávoca
Santa Teresa di Riva
Scifi
San Francesco di Páola
Sant'Aléssio Sículo
Forza d'Agrò
Capo Sant'Aléssio
Gallodoro
Paradise Camping
Letojanni
Lido Spisone
Teatro Greco
Mazzarò
San Nicolò
Mar Jó
E45
18
114

Kiki und ich lieben Fährüberfahrten. Auf der Hinreise natürlich noch mehr als auf der Rückfahrt. Wie auf einer Kreuzfahrt pflügt man entspannt durch das Meer, genießt die herrliche Seeluft, lässt bei einem kühlen Getränk oder heißen Kaffee die Blicke über die Reling schweifen und kurz vor der Ankunft macht sich bei uns immer eine enorme Vorfreude auf die bevorstehende Inseltour breit.

Nicht anders ist es gerade jetzt auf der Fähre von Villa San Giovanni hinüber nach Messina, also ganz vom Süden Italiens hinüber auf die Ostspitze Siziliens. Die Überfahrt dauert gerade mal 40 Minuten und ist extrem unkompliziert. Einfahrt ins Hafengelände, zahlen am Ticketschalter wie sonst am Mauthäuschen und schon steht man in der Schlange kurz vor der Kaimauer. Nahezu im Minutentakt pendeln die großen Fähren und ruckzuck wird man schon an Bord gewunken. Das Ziel immer vor Augen geht es dann quer über die Meerenge und kurze Zeit später spuckt einen die Fähre schon wieder aus – auf sizilianischem Boden.

Auf Mini-Kreuzfahrt: per Fähre geht es nach Sizilien.

Der Küstenlinie folgen

Kaum an Land ist die Orientierung für uns ganz einfach. Unser Ziel ist Taormina, ebenfalls an der östlichen Küste gelegen. Also brauchen wir einfach nur der Küstenlinie folgen und haben schon bald auf der Strada Statale 114 den quirligen Verkehr von Messina hinter uns gelassen. Mit jedem Meter hinaus nimmt die Zahl der Autos um uns herum ab und bald können wir die Fahrt direkt am Wasser entlang richtig genießen.

Es ist noch früh, auf der Fähre hatten wir uns nur einen Kaffee gegönnt und es wird Zeit für ein Frühstück. Kein Problem, die Küstenstraßen fuhrt an unzähligen Cafés vorbei und schnell ist ein Platz gefunden. Ein frisch

Vorbei an hübschen Bergdörfern (oben) ...

gebrühter Cappuccino und knusprige Croissants, das typische italienische Frühstück also, werden noch mit ein bisschen Marmelade und einem frisch gepressten Orangensaft getunt, dann kann es schon weitergehen.

Bildschöne Stadt

Nach gut 50 Kilometern Küstenstraße rollen wir hinein in die bildschöne Stadt. Taormina zählt für uns zu den schönsten Städten im Süden Italiens. Schon Goethe schwärmte 1787 in seiner „Italienischen Reise" von ihr. Dank des milden Klimas und der beeindruckenden Landschaft entwickelte sich Taormina seitdem zu einem echten Anziehungspunkt für Erholungssuchende und Reisende aus der ganzen Welt. Wir nehmen uns fest vor, auf der Rückreise noch ein oder zwei Tage hier zu verbringen. Jetzt

... geht es in die Asche des Vulkans (rechts).

reizt uns aber erst mal die Fahrt hinauf auf den beeindruckendsten Gipfel Italiens, auf den höchsten aktiven Vulkan Europas: auf den Ätna.

Bei Pasteria-Lapide verlassen wir die SS 114, wechseln nach rechts auf die SS 120 und arbeiten uns quer durch Piedimonte Etneo schon ein wenig die Bergflanken hinauf. Linguaglossa entlässt uns schließlich auf die Strada Regionale Mareneve: ein wahres Kurvenparadies. Sicher gibt es kürzere Strecken hinauf auf den Ätna, aber mit Sicherheit keine schönere. Die gut 30 Kilometer lange Bergstrecke zirkelt mit kernigen Kehren über den dicht bewaldeten Berghang. Wir kommen kaum raus aus den Schräglagen und genießen die Fahrt durch das schattige Grün. Irgendwann, etwa auf halber Strecke zwischen Linguaglossa und Milo, öffnet sich dann ganz plötzlich der dichte Bewuchs und schlagartig findet man sich in einer Mond-

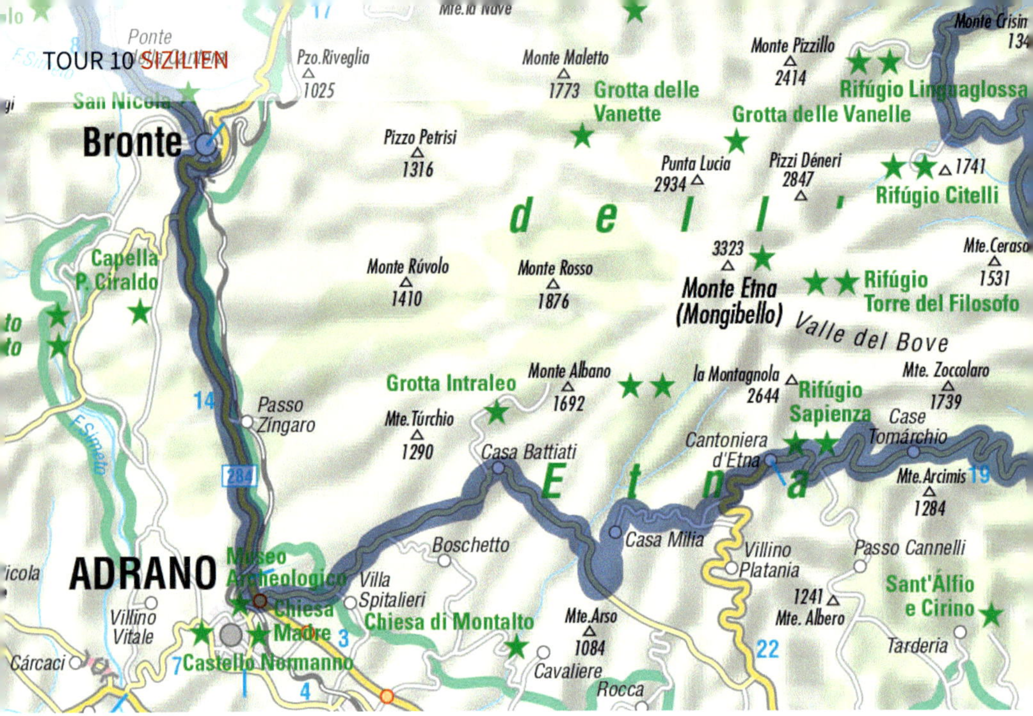

landschaft inmitten erkalteter Lavaströme wieder – welch ein Erlebnis!

Obwohl Kiki und ich nicht zum ersten mal hier sind, beeindruckt uns dieses Naturschauspiel wieder mal aufs Neue. Mit unseren Freunden lassen wir die Motorräder am Straßenrand stehen und klettern durch das staubige, scharf gezackte, schwarze Gestein, das wirkt, als sei es geradezu aus der Hölle geschossen. Na ja, so ähnlich war es ja auch.

Mondlandschaft zu Füßen des Ätnas.

Auf der weiteren Strecke wechseln sich Wald und Lava stetig ab. Über Milo geht es weiter nach Zafferana Etnea, wo wir rechterhand auf die SP 92 abbiegen. Und wer bisher schon beeindruckt war, dem dürfte spätestens jetzt endgültig die Kinnlade herunterfallen: In wildem Zickzackkurs geht es immer höher hinauf in Richtung des Hauptkraters.

Ausgerollte Luftschlange

Schnurstracks durch die erkalteten Lavaströme der vergangenen Ausbrüche windet sich der Asphalt wie eine ausgerollte Luftschlange und lässt einerseits fantastische Blicke in die unter uns liegende Küstenlandschaft aufkommen, andererseits kommen wir dem Gipfel immer näher und damit auch den Rauchschwaden, die aus dem gewaltigen Hauptkrater des immer noch aktiven Vulkans aufsteigen.

Als wir im November 2013 das erste Mal diese Strecke unter die Reifen

AUTOREN-TIPP

DER ÄTNA, auf Italienisch Etna, ist mit seiner Höhe von über 3 300 Metern der höchste aktive Vulkan Europas. Seine genaue Höhe lässt sich nicht exakt definieren, da sie sich durch andauernde vulkanische Tätigkeiten stetig verändert. Neben dem Hauptkrater haben sich in dem mächtigen Kegel Hunderte Nebenkrater gebildet.
Auslöser des Vulkanismus sind die tektonischen Bewegungen der Erdplatten, die auch heftige Erdbeben zur Folge haben. So wurde noch 1908 die Hafenstadt Messina durch heftige Beben weitgehend zerstört. Ausbrüche des Ätna erfolgen weniger durch den Hauptkrater, wie etwa am Vesuv, sondern durch Spalten am Kegel. Spektakulär waren die Ausbrüche Ende 2013, bei denen gewaltigen Lavafontänen bis zu 600 Meter hoch in die Luft geschleudert wurden. Der letzte größere Ausbruch des Ätna fand Weihnachten 2018 statt. Der Flughafen in Catania musste gesperrt werden, es kam zu über 130 Erdbeben um den Vulkan, Gebäude wurden stark beschädigt, viele Menschen verletzt.
Bis auf eine Höhe von etwa 2 000 Meter führt eine Straße. Sie endet am Rifugio Sapienza. Von dort geht es mit der Seilbahn Funivia dell'Etna in 15 Minuten bis zur Bergstation La Montagnola (**GPS** GPS 37.700780, 14.99760) in 2 500 Metern Höhe. Weiter geht es dann mit geländegängigen Bussen bis auf etwa 3 000 Meter. Von dort geht es zu Fuß über faszinierende Wege rund um den Vulkankegel.

Siziliens Bergdörfer lassen immer wieder staunen.

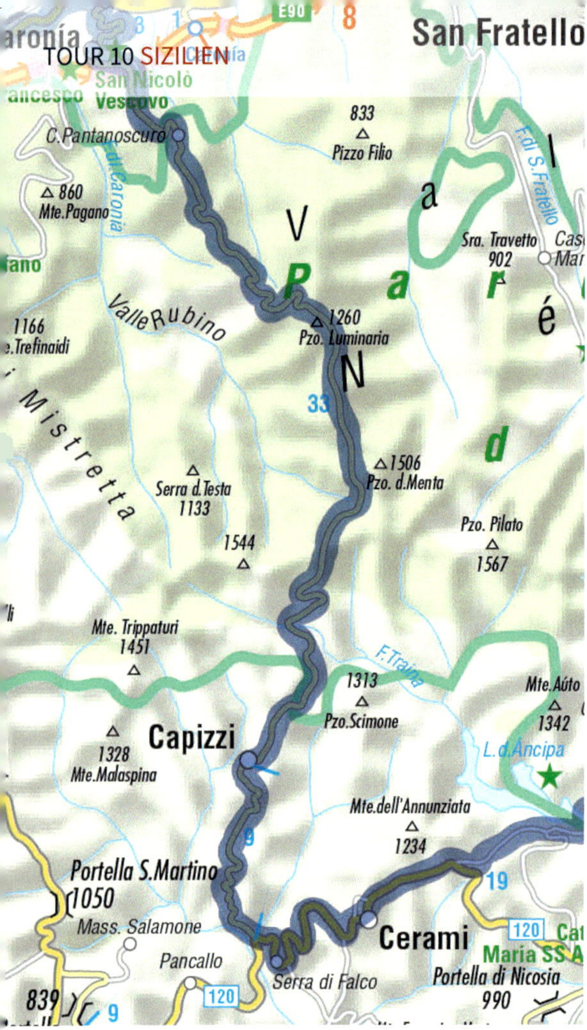

nahmen, durften wir gewaltige Explosionen erleben. Wie naher Kanonendonner halten damals die Ausbrüche über die Hänge, gefolgt von mächtigen Rauchwolken, die in den Himmel stiegen. Und wir müssen zugeben, es war uns nicht wirklich wohl dabei. Allein die entspannten Gesichter der Einheimischen zeigten uns, dass es wohl nicht wirklich größere Probleme geben werde. Man erzählte uns aber auch, dass es durchaus passieren könne, dass mächtige Aschenwolken ihren Inhalt in der Region verteilen. Dann sei es enorm rutschig auf den Straßen und der Zweiradverkehr werde komplett verboten. Zu unserem Glück kam es aber nicht soweit.

Durch die Mondlandschaft

Jetzt ist es relativ ruhig, nur das eine oder andere Rauchfähnchen ist ab und zu erkennbar. Bis zum Rifugio Giovanni Sapienza können wir über die SP 92 hinauffahren. Einige Res-

Urig ist die Wallfahrtskirche Madonna della Rocca bei Taormina.

Das Lavafeld am Ätna ist skurril.

taurants und Cafés warten hier oben auf erlebnisfreudige Touristen, Wanderwege führen durch die Mondlandschaft in die umliegenden Krater und wer möchte, kann von hier aus auch zu Fuß in Richtung des Hauptkraters aufbrechen. Bei klarem Wetter sind die Ausblicke auf die umliegende Landschaft bis hinunter auf das Ionische Meer einfach unglaublich.

Über die spannenden Serpentinen der SP 92 quer durch den kalten Lavastrom rollen wir gen Süden wieder die Hänge des Ätna herunter. Wir folgen den Schildern in Richtung Adrano. Es lohnt sich, eine Runde durch das schöne Adrano zu drehen. Der Ort zu Füßen des mächtigen Vulkans hat eine bewegte Geschichte hinter sich. Noch heute zeugt davon das normannische

An Siziliens Nordküste liegen malerische Orte (oben und unten).

Kastell mitten im Ort. Gleich daneben liegt die nicht minder beeindruckende Chiesa Madre. Die ebenfalls aus normannischer Zeit stammende Kirche hat eine interessante Fassade und die vielen um sie herum führenden kleinen Gassen der Altstadt locken mit netten Bars, Cafés und Läden. Hier lässt sich übrigens auch eine Flasche des guten Etna-Weines erstehen. Unter der geschützten Bezeichnung Etna DOC gedeihen an den Südhängen des Vulkans köstliche Weine, die ihren hervorragenden Geschmack natürlich vor allem dem mineralreichen Lavaboden zu verdanken haben. Man muss ihn einfach mal probiert haben.

Mutige Menschen

Tausende von Oliven- und Mandelbäumen stehen Spalier entlang der SS 284 auf dem weiteren Weg nach Bronte. Wir bewundern den Mut der Menschen, hier zu wohnen. Bereits dreimal ist Bronte in seiner Geschichte durch Vulkanausbrüche zerstört worden. Bis direkt an den Stadtrand reicht der erkaltete Lavastrom noch heute. Wenn in der Nacht der gerade mal 15 Kilometer entfernte Krater lautstark Feuer und Rauch spuckt, muss man wahrscheinlich schon ein recht dickes Fell haben, um beruhigt weiter zu schlafen – oder besonders dicke Fenster.

In Bronte trennen wir uns von der SS 284, nehmen Kurs auf Cesarò. Es wird einsam. Kein Wunder, wir nähern uns der Grenze des riesigen Parco Regionale die Nebrodi. Mit rund 86 000 Hektar ist der 1993 gegründete Park einer der größten Europas. Selbst im Sommer, wenn die brütende Hitze Afrikas bis nach Sizilien herüberweht, lässt es sich in den Bergen des Nebrodi dank der vielen Bäche und schattigen Wälder noch aushalten. Die üppige Vegetation der riesigen Eichen- und Kastanienwälder und die scheinbar unendliche Macchia ist das Revier unzähliger Wild- und Stachelschweine. Hier tummeln sich Füchse, Marder und Wildkatzen. Die eigentlichen Namensgeber des Parks, die Damhirsche (Nebros bedeutet auf Griechisch Hirsch) sind leider dem italienischen Jagdtrieb zum Opfer gefallen. Genau wie die früher hier lebenden Wölfe wurde auch das letzte Tier irgendwann abgeschossen.

Kurvenreiche Straße

Zu Füßen der Nebrodi-Gipfel touren wir auf herrlichen, einsamen und zum Teil recht kurvenreichen Landstraßen durch die ländliche Gegend. Vor allem die fast nur einspurige SP 167 faszi-

Schöner Cruisen mit Blick aufs Meer.

niert uns. Zwischen Cesarò und Cesami mäandert sie durch das hügelige Land und führt am Stausee Lago Sartori geradewegs über die hohe Staumauer. Gleich hinter Cerami heißt es, den Blinker setzen.

Die SP 168 setzt noch einen drauf, führt mit spaßigen Serpentinen hinauf auf den bildschönen Bergort Capizzi und schließlich über die zerklüfteten Bergrücken der Monti Nebrodi bis an die Küste des Tyrrhenischen Meers. Von dort haben wir schnell die letzten Kilometer entlang der aussichtsreichen Küstenstraße bis nach Cefalù hinter uns gebracht. In dem bildschönen Küsten- und Hafenort lassen wir die heutige entspannt Tour ausklingen. Aber nur, um morgen von hier in den interessanten Westen Siziliens aufzubrechen, das ist aber wieder eine ganz andere Story. ◂

Malerisches Panorama über das Tyrrhenische Meer.

INFOS ZUR TOUR

CHARAKTERISTIK
Schnurgerade Küstenstraßen, Serpentinenstrecken am Vulkan, einspurige, einsame Bergstraßen, hier gibt es nichts, was es nicht gibt. Die abwechslungsreiche Runde beeindruckt mit Naturerlebnissen der besonderen Art und fahrerischen Herausforderungen. Die Strecken durch die Wälder sind nach Regenfällen mit Vorsicht zu genießen, dann liegt bisweilen allerhand Zeug auf der Straße.

PÄSSE DER TOUR
Passähnliche Übergänge gibt es reichlich, als Pass gekennzeichnete oder benamte allerdings nicht.

ÜBERNACHTUNG
Villa Chiara Taormina
Via Don Bosco 10 B, 98039 Taormina
Nettes, freundliches Haus in toller, zentraler Lage, aber dennoch ruhig, sehr bemüht und freundlich.
www.villa-chiara.taormina.hotels-sicily.net
GPS 37.853159, 15.287105

B&B Pepito Cefalù
Via Antonello da Messina 9, 90015 Cefalù
Uriges B&B in einem mehrstöckigen Wohnhaus, zentrale Lage, nette Zimmer und prima Frühstück, Pepito ist ein echt netter Typ.
www.bebpepito.it
GPS 38.031420, 14.015800

KOMBINATIONSMÖGLICHKEITEN
Dank der Insellage und da es die einzige Tour auf Sizilien in diesem Band ist, lässt sich die Runde zwar nicht mit anderen Kapiteln direkt kombinieren, aber Sizilien bietet unendlich viele Möglichkeiten. Zum Beispiel im Hinterland von Cefalù in der Madonie oder rund um Enna.

KLIMA | WETTER | REISEZEIT

Süditalien und natürlich Sizilien sind perfekte Ziele vom frühen Frühjahr bis in den späten Herbst hinein. Im Frühling grünt und blüht es bereits ab Februar überall, das touristische Treiben hält sich dann noch deutlich in Grenzen. An der Küste, in den Tälern und im Flachland ist es schon angenehm, die Sonne sorgt für herrliche Wärme.

Ähnlich im Herbst. Wenn es zu Hause schon Bindfäden regnet und kalt wird, hält sich im Mezzogiorno, also im Süden Italiens, noch die Wärme. Die Sonne ist noch nicht im Ruhestand und der Indian Summer lässt die Laubbäume in den kräftigsten Farben erstrahlen.

Der Sommer im Süden der Apenninhalbinsel kann ziemlich anstrengend werden. In der Hauptferienzeit ist es nicht nur bisweilen ordentlich heiß – bis 40 Grad ist nicht unbedingt die Ausnahme – auch auf den Straßen ist vor allem in touristischen Regionen schon mal etwas mehr los.

Zwar gibt es mit den unzähligen Bergen und Hügeln durchaus Fluchten, in denen sich auch der Verkehr relativ schnell verstreut, aber auch dort kann es knackig heiß werden und schließlich muss man ja auch mal wieder herunter ins Tal.

ANREISE

Viele Wege führen nach Italien. Die schönsten natürlich mit viel Muße über herrliche, schweizerische und österreichische Landstraßen. Da aber die wenigsten Reisenden so viel Zeit haben, wird meist zügig über die Autobahn angereist. Dafür bietet sich in erster Linie die Brenner-Autobahn an.

Die ist über das österreichische Innsbruck erreichbar. Dorthin geht es entweder aus dem Raum München kommend via A 8/A 93 (D) und A 12 (A) oder über die D 95 (D), Garmisch-Partenkirchen (D) und Seefeld (A). Aus dem Raum Ulm bietet sich die schöne, aber nicht immer staufreie Strecke über die A 7 (D), Reutte (A) und den Fernpass (A) an.

Früher bestanden einige interessante Möglichkeit, Italien via Bahnverla-

dung zu erreichen. Die Deutsche Bahn hat diesen Service inzwischen eingestellt. Es gibt jedoch zurzeit einige private Anbieter, der Markt ist diesbezüglich gerade sehr in Bewegung. Manche Linien bestehen gerade mal ein Jahr, manche etablieren sich anscheinend für länger. Ein Blick auf die Internet-Seite **www.autoreisezug-planer.de** verschafft aktuell Klarheit.

Noch ein wichtiger Tipp: Die Strafen für Verkehrsvergehen sind in Italien, wie fast überall in Europa, wesentlich höher als in Deutschland. Zwar haben wir persönlich italienische Polizisten meist als sehr entspannt erlebt, aber wenn es blitzt, kann es richtig teuer werden.

Ganz dramatisch wird es, wenn unerlaubterweise Naturschutzgebiete offroad befahren werden. Ein Ausfliegen des Motorrades via Hubschrauber und der Einzug des Fahrzeugs sind möglich, die Kosten lassen sich leicht ausmalen. Deshalb empfehlen wir eine relaxte und gesetzeskonforme Fahrweise, was durchaus Geld und Nerven schonen kann. Man ist ja schließlich im Urlaub.

PRAKTISCHES, LINKS

Für den Fall des Notfalles helfen in Italien die Konsulate und Botschaften der Heimatländer kompetent weiter.

DEUTSCHES KONSULAT

Via Argiro 7
70122 Bari
T +39 (080) 5 22 75 37

DEUTSCHE BOTSCHAFT

Via San Martino della Battaglia 4
I-00185 Rom
T +39 (06) 49 21 31

ÖSTERREICHISCHES KONSULAT

Via Bruno Buozzi 88
70123 Bari
T +39 (02) 7 78 07 80

ÖSTERREICHISCHE BOTSCHAFT
Via Pergolesi 3
I-00198 Rom
T +39 (06) 84 40 141

SCHWEIZERISCHES KONSULAT
Piazza Luigi di Savoia 41/a
70121 Bari
T. +39 (02) 7 77 91 61

SCHWEIZERISCHE BOTSCHAFT
Via Barnaba Oriani 61
I-00197 Rom
T +39 (06) 80 95 71

INTERNET

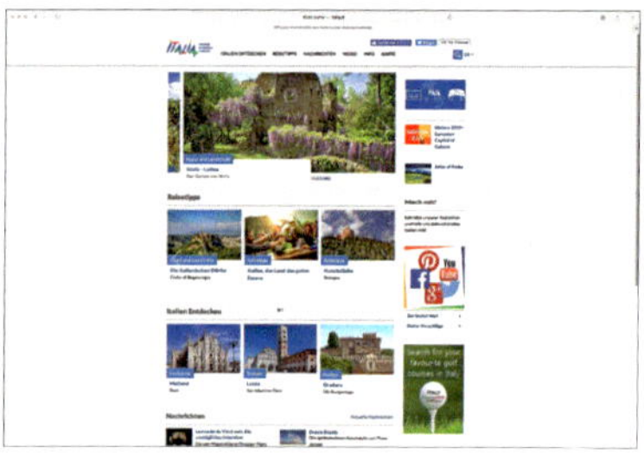

Die offizielle und sehr umfangreiche Seite der italienischen Zentrale für Tourismus heißt **www.italia.it**.

Interessante deutschsprachige Internetseiten für weitere Informationen:
www.charmingpuglia.com

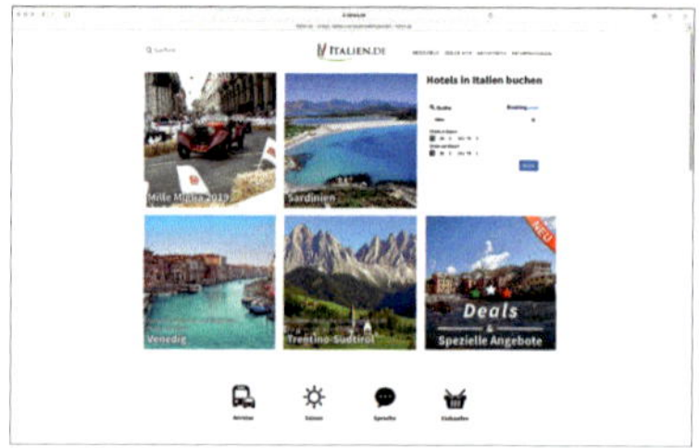

www.italien.de
www.viva-italia.it
www.enit.de

Sehr hilfreich sind in Italien auch die örtlichen Touristinfo-Büros, die in fast jeder etwas größeren Gemeinde existieren. Hier gibt es Infos, Broschüren, Karten, freundliche Hilfe bei der Suche nach Unterkünften und Campingplätzen und mehr.

KARTEN | REISEFÜHRER

MARCO POLO „Abruzzen, Molise" 1:200 000, Euro 9,99,
ISBN 978-3829739825

MARCO POLO „Apulien" 1:200 000, Euro 9,99 ISBN 978-3829739832

MARCO POLO „Kampanien, Basilikata" 1:200 000, Euro 9,99
ISBN 978-3829739849

MARCO POLO „Kalabrien" 1:200 000, Euro 9,99 ISBN 978-3829739856

MARCO POLO „Sizilien" 1:200 000, Euro 9,99 ISBN 978-3829739863

Diese Karten glänzen nicht nur mit einem übersichtlichen Straßenbild, sie verfügen auch über zahlreiche Zusatzinformationen wie zum Beispiel Straßenbeschaffenheit, Sehenswürdigkeiten, Campingplätze und verschiedene Stadtpläne. Ein umfangreiches Ortsregister erleichtert die rasche Orientierung. Die Karten sind im Buchhandel oder via Amazon erhältlich.

Neben regionalen Reiseführern, die es oft auch vor Ort in englischer Sprache gibt, ist der „lonely planet“ unser Standardwerk: **LONELY PLANET** Reiseführer Italien, Mai 2018, 1108 Seiten, Euro 28,99.

ISBN 978-3829745789

UNTERKUNFT

In den beschrieben Regionen werden alle Arten von Übernachtungsmöglichkeiten angeboten. Einen Platz für die Nacht zu finden, ist relativ einfach.

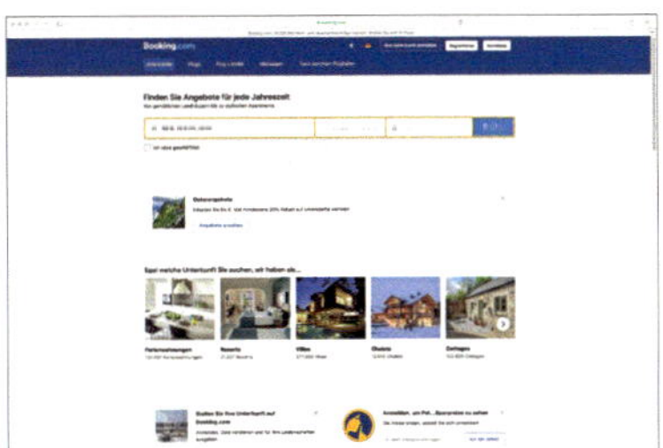

Wir haben damit noch nie ein Problem gehabt. Einzig in den Hauptferienmonaten Juli und August kann die Suche schon mal etwas länger dauern.

Dann kann es schon mal hilfreich sein, Unterkünfte vorher zu reservieren. Dies geht problemlos über die oben genannten Internetseiten oder weitere einschlägige Portale wie etwa **www.booking.com**. Spontanes Übernachten sollte allerdings ein wenig Abseits der Hauptorte das ganze Jahr über möglich sein.

In Süditalien gibt es eine ganze Reihe sehr schöner Campingplätze in allen möglichen Größen und Ausstattungen. Das reicht vom Fünf-Sterne-Platz mit Rundum-Service am See bis zur einfachen Zeltwiese mit Scheunendusche beim Bauern. Das Angebot ist riesig und auch hier gilt: Ein wenig abseits des Haupttrubels lässt sich rund ums Jahr immer etwas finden.

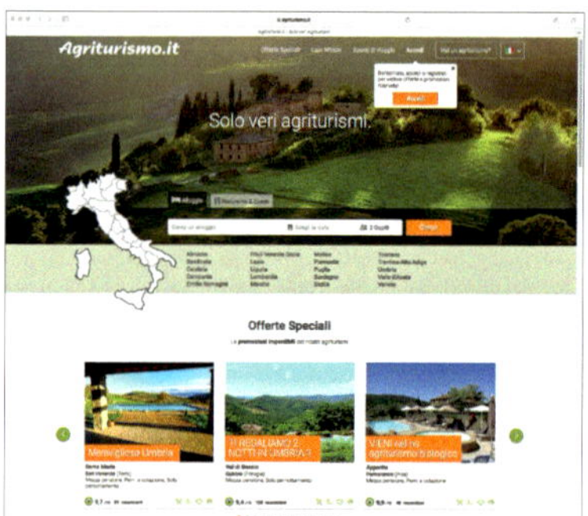

Möchte man ein wenig länger an einem Ort bleiben und freut sich über Kontakt mit den Menschen vor Ort, empfiehlt es sich, das immer größer werdende Angebot des Agriturismo auszuprobieren. Zahlreiche Landgüter machen inzwischen mit. Einen intensiveren Einblick in die Region wird man nicht bekommen können. Viele Tipps dazu bekommt man unter anderem unter **www.agriturismo.it**.

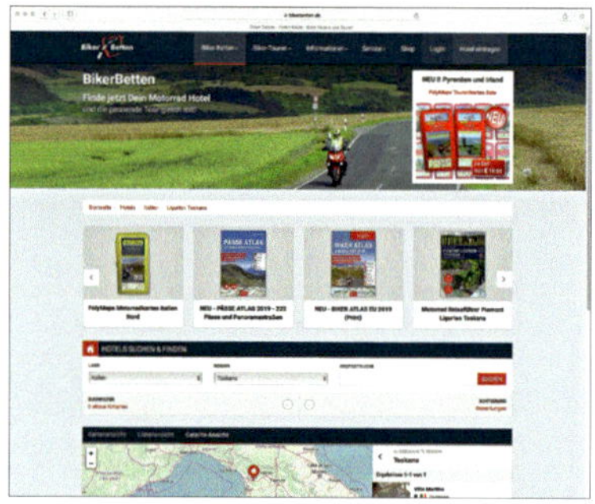

In den jeweiligen Kapiteln haben wir hilfreiche Tipps zur Übernachtung angegeben. Sehr hilfreich bei der Suche nach motorrad-freundlichen Unterkünften, auch über Italien hinaus, ist übrigens der Biker Betten Tourenplaner. Das Standardwerk mit über 800 Adressen gibt es kostenlos bei unzähligen Motorradhändlern. Eine Übersicht der Katalog-Stützpunkte gibt es im Internet unter **www.bikerbetten.de**. Dort lassen sich übrigens auch online Unterkünfte suchen und weitere Motorrad-Reiseführer ordern.

Kleiner **Sprachführer**

Für eure Motorradreise nach Italien sind hier die wichtigsten Begriffe und Redewendungen zusammengestellt.

Hinweise zur Aussprache | Sonderzeichen:

c	vor e und i wie tsch, sonst wie k Bsp. ciao (hallo); come (wie)
g	vor e und i wie dsch, sonst wie g Bsp. viaggio (Reise); grazie (danke)
ch	wie k Bsp. che (was)
gh	wie g Bsp. funghi (Pilze)
sce	wie sch Bsp. lasciare (lassen)
sch	wie sk Bsp.: pesche (Pfirsiche)

VERSTÄNDIGUNG

ja / nein	si / no
was / wann / wo / hier	che cosa / quando / dove / qui
Sprechen Sie Deutsch?	Parla tedesco?
Haben Sie mich verstanden?	Ha capito?
Ich habe verstanden.	Ho capito.
Ich habe das nicht verstanden.	Non l'ho capito.

BEGRÜSSUNG | VERABSCHIEDUNG

Hallo	Ciao
Guten Tag / Abend	Buongiorno / Buona sera
Wie geht es Dir / Ihnen?	Come sta / stai?
Danke, gut. Und Dir / Ihnen?	Bene, grazie. E Lei / tu?
Auf Wiedersehen / tschüs	Arrividerci / Ciao

KENNENLERNEN

Ich heiße…	Mi chiamo…
Wie heißt Du / heißen Sie?	Come si chiama / ti chiami?
Woher kommst kommen Sie/Du?	Di dov'è / dove sei?
Ich komme aus Deutschland / Österreich / der Schweiz	Vengo dalla Germania / dall'Austria / dalla Svizzera

HÖFLICHKEIT

Bitte	Per favore! Oder auch „Prego“ (als Antwort auf „Danke“)
Vielen Dank(e)	Grazie (mille)
Könnten Sie mir bitte helfen?	Mi potrebbe aiutare, per favore?
Entschuldigen Sie!	Scusi!
Das tut mir leid!	Mi dispiace!
Das macht nichts!	Non fa niente!

NOTRUFNUMMERN IN ITALIEN (generell: 112)

113 (Polizei) | 115 (Feuerwehr) | 116 (Pannenhilfe) | 118 (Rettungswagen)

UNTERKUNFT

Wo ist die Touristeninformation?	Dov‘è l‘ufficio turistico?
Können Sie mir ein gutes Hotel / preiswertes Hotel / eine Pension empfehlen?	Mi potrebbe consigliare un buon albergo / un albergo economico / una pensione / alloggi privati?
Wie komme ich dorthin?	Come ci si arriva?
Haben Sie ein Einzelzimmer / Doppelzimmer frei?	Avete una singola / doppia libera?
Wie viel kostet es?	Quanto costa?
Ich nehme es!	La prendo!

WETTER

Was sagt der Wetterbericht?	Cosa dicono le previsioni del tempo?
Es wird schön / warm / heiß / schwül / kalt / schlecht	Farà bello / caldo / molto caldo afoso / freddo / brutto.
Es wird regnen	Pioverà!
Es wird ein Gewitter kommen	Ci sarà un temporale.
Sonne	il sole

RUND UMS BIKEN

Anlasser	il motorino d‘avviamento	Öl	l‘olio
Auspuff	lo scappamento	Parkplatz	il parcheggio
Ersatzteil	il pezzo di ricambio	Reifen	la gomma
Führerschein	la patente	Reifendruck	la pressione delle gomma
Grenze	la frontiera	Schlüssel	la chiave
Zoll	la dogana	Straße	la strada
Helm	il casco	links / rechts / geradeaus	a sinistra / a destra / diritto
Kreuzung	l´incrocio	ziemlich weit	abbastanza lontano
Licht	la luce	nicht weit	non lontano
Maut	il pedaggio	zurück	indietro

FÄHRE

Wann fährt die nächste Fähre nach…ab?	Quando parte il prossimo traghetto per…?
Wie lange dauert die Überfahrt nach…?	Quanto dura la traversato fino a…?
Wann legen wir in…an?	Quando sbarchiamo a…?

UNTERWEGS

Entschuldigung, wo ist…?	Scusi, dov'è…?
Wie komme ich zu / nach…?	Come si arriva a… ?
Können Sie mir das bitte auf der Karte zeigen?	Mi potrebbe mostrarlo sulla mappa per favore?
Wie viele Minuten mit dem Motorrad?	Quanti minuti si impiega in moto?
Ist das die Straße nach…?	È questa la strada per …?
Wie komme ich zur Autobahn?	Come posso raggiungere l'autostrada?
Wo kann ich mein Motorrad abstellen?	Dove posso parcheggiare la mia moto?
Wie hoch ist die Gebühr für ein Motorrad?	Quant´è la tassa per la moto?

ESSEN UND TRINKEN

essen / trinken	mangiare / bere
Wo gibt es hier ein preiswertes / typisches Restaurant?	Scusi, c'è un ristorante non troppo caro / tipico?
Einen Tisch für … Personen bitte!	Un tavolo per…persone, per favore!
Die Speisekarte bitte!	Mi porta il menù, per favore?
Kann ich noch etwas zu essen bekommen?	É ancora possibile mangiare?
Ich möchte nur etwas trinken.	Vorrei soltanto bere qualcosa.
Suppe	minestra
kalte Vorspeisen	antipasti
Fleischgerichte	carni
Fisch	pesce
Gemüse	verdura
Beilagen	contorni
Käse	formaggi
Getränke	bevande
Brot	pane
Bier	birra
Rotwein / Weißwein	vino rosso / vino bianco
Kaffee	caffè
Wasser (mit / ohne Mineralwasser)	acqua minerale (frizzante / liscia)
Tasse	una tazza
Glas	un bicchiere
Teller	il piatto
Messer / Gabel / Löffel	il coltello / la forchetta / il cucchiaio

Schüssel	bacinella
Flasche	la bottiglia
Die Rechnung bitte	Il conto, per favore.
Frühstück / Mittagessen / Abendessen	la colazione / il pranzo / la cena
bestellen	ordinare
bezahlen	pagare

RUND UM DIE PANNE / DEN UNFALL

Bitte helfen Sie mir!	Mi puo aiutare per favore
Ich habe kein Benzin mehr	Non ho più benzina.
Wo ist die nächste Tankstelle?	Dov'è il distributore più vicino?
Ich habe eine Reifenpanne.	Ho bucato.
Ich habe eine Motorpanne.	Ho un guasto al motore.
Die Batterie ist leer.	La batteria é scarica.
kaputt	guasto/ rotto
Wie teuer wird die Reparatur ungefähr sein?	Quanto costerà all'incirca la riparazione?
Machen Sie bitte nur das Nötigste!	Si prega di fornire solo il minimo indispensabile.
Wann ist es fertig?	Per quando sarà pronta?
Wo ist die nächste Werkstatt?	Dov´è il garage più vicino?
Es ist nicht meine Schuld!	Non è colpa mia!
Ich hatte Vorfahrt!	Avevo la precedenza!
Sie sind zu schnell gefahren!	Lei andava troppo veloce!
Sie haben zu wenig Sicherheitsabstand gehalten!	Lei non ha rispettato la distanza di sicurezza!
Zeuge	testimone
Es ist ein Unfall passiert!	C'è stato un incidente!
… Personen sind (schwer) verletzt.	…persone sono rimaste (gravemente) ferite!
Rufen Sie bitte schnell die Polizei / die Feuerwehr / einen Krankenwagen!	Presto, chiami la polizia / i vigili del fuoco / un'ambulanza!
Ich bestehe darauf, die Polizei zu rufen!	Vorrei chiamare la polizia!

GRUNDZAHLEN

0	zero	10	dieci	30	trenta
1	uno	11	undici	40	quaranta
2	due	12	dodici	50	cinquanta
3	tre	13	tredici	60	sessanta
4	quattro	14	quattordici	70	settanta
5	cinque	15	quindici	80	ottanta
6	sei	16	sedici	90	novanta
7	sette	17	diciassette	100	cento
8	otto	18	diciotto	200	duecento
9	nove	19	diciannove	1000	mille / mila
		20	venti	2000	duemila

HERAUSGEBER

TVV Touristik-Verlag GmbH | Werner Henschel Str. 2 | D-34233 Fuldatal-Ihringshausen
Tel.: +49 - (0) 561/400 85 - 0 | Fax: +49 - (0) 561/400 85 - 21
info@bikerbetten.de | www.bikerbetten.de

Vertretungsberechtigter Geschäftsführer: Peter Schmitz
Registergericht: Kassel | Registernummer: 13254
Umsatzsteuer-Identifikationsnummer gemäß § 27 a Umsatzsteuergesetz: DE813611060

REDAKTION Hans Michael Engelke, www.engelke.tv

FOTOS Angelika und Hans Michael Engelke, www.engelke.tv,
Luca Aless – CC BY-SA 4.0 (S. 106),
Heinz Studt (S. 104, 105, 2x109, 110, 111, 112, 113, 114, 115, 117, 134, 135, 138, 139, 140, 141, 142, 143, 145, 2x146)

UMSCHLAGGESTALTUNG TVV Touristik-Verlag GmbH

KARTENBASIS © Kunth Verlag GmbH & Co. KG

ROUTEN Hans Michael Engelke, www.engelke.tv

PRODUKTION MoTourMedia, Wuppertal

LEKTORAT Text-o-Pix, Wuppertal

DRUCK UND WEITERVERARBEITUNG Silber Druck oHG, 34266 Niestetal

Die GPS-Daten gibt es zum kostenlosen Download auf **bikerbetten.de**

ISBN 978-3-937063-88-1

WWW.BIKERBETTEN.DE

Vicki Robin | Joe Dominguez

Mehr Geld für mehr Leben